Backups

Spam-Mails

Datenschutz

Virenabwehr

Online-
Shopping

Betrugs-
versuche

WhatsApp
und Co

Verein für Konsumenteninformation (Hrsg.)
Natalie Oberhollenzer und Gernot Schönfeldinger

SICHER IM INTERNET?

Alltagstipps für Handy und PC

Impressum

Herausgeber
Verein für Konsumenteninformation (VKI)
Mariahilfer Straße 81, 1060 Wien
ZVR-Zahl 389759993
Tel. 01 588 77-0, Fax 01 588 77-73, E-Mail: konsument@vki.at
www.vki.at I www.konsument.at

Geschäftsführung
Mag.(FH) Wolfgang Hermann

Autor:innen
Mag.ª Natalie Oberhollenzer
Mag. Gernot Schönfeldinger

Grafik/Produktion
Günter Hoy

Foto Umschlag
Thitichaya Yajampa/Shutterstock.com

Druck
Gerin Druck GmbH,
2120 Wolkersdorf

Bestellungen
KONSUMENT Kundenservice
Mariahilfer Straße 81, 1060 Wien
Tel. 01 588 774, Fax 01 588 77-72
E-Mail: kundenservice@konsument.at

Bibliografische Information der Deutschen Nationalbibliothek
Die Deutsche Nationalbibliothek verzeichnet diese Publikation in der Deutschen Nationalbibliografie; detaillierte bibliografische Daten sind im Internet über http://dnb.d-nb.de abrufbar.

Verein für
Konsumenteninformation
ISBN 978-3-99013-121-3

€ 25,–

Zu diesem Buch

Für viele ist es kaum mehr vorstellbar, ohne sie auszukommen: Tablets, Laptops, und vor allem Smartphones sind zu einem oft unverzichtbaren Bestandteil unseres täglichen Lebens geworden. Die Technologien haben uns unzählige Möglichkeiten eröffnet. Wir können nahtlos über Ozeane hinweg kommunizieren und mit einem Klick auf nahezu unbegrenztes Wissen zugreifen. Die Anwendungen unterstützen uns bei Entscheidungen jeglicher Art, sie informieren und navigieren uns, und sie dienen der Unterhaltung. Mit jedem Geräte-Upgrade werden noch mehr Funktionen integriert, die früher separate Geräte erforderten.

Wir können das Licht in der Wohnung per Sprachbefehl einschalten, erfassen unsere Gesundheitsdaten via App, und Algorithmen bestimmen über unsere Kreditwürdigkeit. Die Systeme besitzen mittlerweile sogar die Fähigkeit, selbstständig zu denken und zu lernen – Stichwort KI, also Künstliche Intelligenz.

So komfortabel die Digitalisierung sein mag, manchmal kann sie auch nerven, überfordern und Angst machen, denn sie bringt neue Gefahren mit sich – von Betrugsversuchen über Datenlecks bis hin zu Fake News, sprich manipulierten Nachrichten.

Das vorliegende Buch wurde mit der Absicht verfasst, einen Leitfaden im digitalen Dschungel zu bieten. Einen Ratgeber, bestehend aus einer Sammlung von klaren, einfach zu befolgenden Tipps. Es soll Ihnen dabei behilflich sein, sich vor den häufigsten Gefahren im Netz zu schützen. Es gibt Anleitungen, wie Sie Ihre Daten und Ihre Privatsphäre zu einem höchstmöglichen Maß bewahren können, immer mit Rücksicht auf die praktische Umsetzbarkeit für technische Laien.

Ob Sie nun mit Ihrem Computer mit Windows-Betriebssystem im Internet surfen, mit Ihrem Android-Smartphone Bankgeschäfte erledigen, Fotos in die Cloud speichern, sich mit Ihren Freunden über einen Messenger austauschen oder Filme streamen – das Buch beantwortet Fragen zur Handhabung von verschiedenen Anwendungen, zeigt Einstellungsmöglichkeiten und - empfehlungen auf, löst Probleme oder verhindert, dass sie überhaupt auftreten. So können Sie mit der laufenden Weiterentwicklung der digitalen Landschaft Schritt halten.

Wir wünschen viel Vergnügen beim Schmökern und Erfolg beim Umsetzen des einen oder anderen Tipps in die Praxis!

Ihr KONSUMENT-Team

Inhalt

Sicher im Internet?

Es ist kein Geheimnis, dass das Internet und die sozialen Medien ihre Schattenseiten haben. Wer darüber Bescheid weiß und die einschlägigen Hilfsmittel kennt, kann Risiken erkennen und seine persönlichen Daten schützen. Dann steht einer sinnvollen Nutzung der modernen Technik nichts mehr im Wege.

Angebotsvielfalt
Gratis ist nicht geschenkt

In diesem Buch haben wir hilfreiche Tipps für Sie zusammengestellt, die verhältnismäßig einfach umsetzbar sind. Zum einen handelt es sich um Empfehlungen, die zu einer sichereren Verwendung von Computern und Smartphones beitragen – inklusive der schier unendlichen Möglichkeiten des Internets, die schon längst zu einem selbstverständlichen und weithin geschätzten Teil des Nutzungserlebnisses geworden sind. Zum anderen handelt es sich um Hinweise, die Ihnen dabei helfen, unerwünschte Begleiterscheinungen wie lästige Werbung oder eine unverhältnismäßige Datensammelwut zu minimieren.

Wir sprechen bewusst von „minimieren", denn **absolute Anonymität** ist bei der Nutzung sowohl der Geräte als auch des Internets eine Illusion. Das heißt nicht, dass sie nicht möglich ist, doch ist der technische Aufwand dafür ebenso hoch wie die lästigen Beschränkungen, die man damit in Kauf nehmen muss. Anders gesagt: Im Alltag kann es schon aus rein praktischen Gründen nicht darum gehen, unerkannt zu bleiben. Das Ziel sollte vielmehr ein ausgewogenes Verhältnis zwischen Datenschutz und Nutzungskomfort sein.

Keine Anonymität

Wobei es außerdem Folgendes zu bedenken gilt: Die Anbieter der umfangreichen Dienstleistungen im Netz sind auf das Lukrieren von Einnahmen angewiesen. Nehmen wir ihre Services in Anspruch, dann müssen wir diese in irgendeiner Form bezahlen. Sei es mit einem Entgelt in Form von Abos oder Einmalzahlungen, sei es nun einmal mit der Preisgabe unserer Daten. Auch wenn die **Gratis-Kultur** im Internet historisch gewachsen ist: Nichts zu geben wäre unfair und würde irgendwann dazu führen, dass der Fortbestand der Angebote gefährdet wäre. Gerade weil sich die Gratis-Kultur quasi zum Gewohnheitsrecht entwickelt hat, sind die Nutzerdaten mit der Zeit zur wichtigsten Währung im Internet geworden.

Nichts zu geben wäre unfair

Qualität hat ihren Preis

In diesem Sinne ist es zwar unerfreulich, aber einleuchtend, dass etwa ein Anbieter von kostenlosem Virenschutz die anonymisierten Daten seiner Nutzer:innen an die Werbewirtschaft weiterverkauft (und seriöserweise in seinen Allgemeinen Geschäftsbedingungen darauf aufmerksam macht). Wenn man (als Alternative zum kostenpflichtigen Abo) Werbung auf bestimmten Internetseiten gezielt zulässt, etwa bei Onlinemedien, dann hilft man ihnen dabei, sich zu finanzieren, und leistet einen Beitrag zu frei zugänglicher **Meinungsfreiheit und -vielfalt**. Gut recherchierte Information von etablierten Medien, in denen nach professionellen Richtlinien gearbeitet wird, hat ihren Preis. Denn im Gegensatz zu so manchen Krawallmachern auf den sozialen Kanälen werden ausgebildete Redakteur:innen für ihre Texte bezahlt. Und was die sozialen Medien betrifft: Auch die müssen für die Bereitstellung der Plattform Geld in die Hand nehmen, welches mithilfe von Werbung verdient werden muss.

Ausgewogenheit als Ziel

Es ist klar, dass hier unterschiedliche Meinungen aufeinandertreffen und unsere Sichtweise nicht unwidersprochen bleiben wird. Wir wollen sie aber auch gar nicht als die einzig gültige Wahrheit sehen, sondern als Denkanstoß und Diskussionsbeitrag. Am Ende zählt wohl auch in diesem Bereich die schon erwähnte **Ausgewogenheit**. Das heißt, man muss nicht immer blindlings alle Werbung und Nachverfolgung akzeptieren, sollte aber auch nicht immer grundsätzlich alles blockieren. Nicht zuletzt kommt es auch darauf an, welcher Anbieter auf der anderen Seite steht und wie es um dessen Vertrauenswürdigkeit bestellt ist.

Goldener Mittelweg

Die oben geschilderte Grundhaltung ist jedenfalls auch Ausgangspunkt dieses Buches. Es vermittelt Ihnen das Wissen um die technischen Hilfsmittel, mit denen Sie bei der Nutzung Ihrer mit dem Internet verbundenen Geräte das richtige Maß finden können, damit sich Sicherheit, Datenschutz und Nutzungskomfort am Ende die Waage halten.

Internetnutzung

Im Zweifelsfall für die Sicherheit

Zunächst einmal ist es nicht verkehrt, sich über die eigene Herangehensweise ans Thema sichere Internetnutzung Gedanken zu machen. Traue ich mich nicht so recht in die spannenden Weiten des Internets? Oder bewege ich mich allzu leichtfertig in den digitalen Welten? Wie so oft ist die goldene Mitte ein gangbarer Weg. Kritisches, überlegtes und umsichtiges, aber nicht übertrieben ängstliches Handeln. Mit anderen Worten: Hören Sie auf Ihren **Hausverstand**! Zum Beispiel indem Sie hinterfragen, ob es wirklich sinnvoll ist, permanent Bilder aus dem Urlaub in den sozialen Netzwerken zu posten. Wird dies erst im Nachhinein gemacht, vielleicht auch noch mit einem Hinweis, dass die Reise in der Vergangenheit liegt, dann kommen potenziell mitlesende Einbrecher erst gar nicht auf dumme Ideen.

Gleiches gilt für Partybilder von feucht-fröhlichen Nächten. Es muss nicht sein, dass Kolleg:innen oder Vorgesetzte Szenen vor Augen bekommen, die Ihnen im Nachhinein peinlich sind. Allzu impulsive Handlungen, nicht nur auf Social Media, sondern im gesamten Netz können in eine unerwünschte Richtung führen und unnötige Probleme verursachen. Wenn man jeder x-beliebigen Aufforderung zur Dateneingabe nachkommt, darf man sich nicht wundern, wenn man im Posteingang Berge an Spam vorfindet. Wer sich zu allen möglichen Dingen im Netz verleiten lässt, muss mit einer höheren Wahrscheinlichkeit damit rechnen, irgendwann mit negativen Begleiterscheinungen konfrontiert zu sein.

Weniger ist mehr

Ein Stück weit müssen wir uns freilich darauf verlassen, dass Anbieter:innen von Dienstleistungen im Netz sorgsam mit unseren Daten umgehen (seriöse Player, die einen Ruf zu verlieren haben, tun das in der Regel auch). Andererseits aber haben wir es schon auch selbst in der Hand, wie gläsern und angreifbar wir sind.

Wie gläsern wollen wir sein?

Sicherheit
Aktualisierungen und Updates

Eine Aktualisierung bezieht sich im Normalfall auf kleinere Änderungen an einer Software oder einem System, die Fehler beheben oder Verbesserungen (etwa auch durch das Schließen von Sicherheitslücken) hinzufügen, die grundlegende Funktionsweise aber nicht ändern. Ein Update (früher war auch der Begriff Upgrade verbreitet) nimmt dagegen eine größere Änderung an einer Software oder einem System vor. Das Update kann neue Funktionen bringen oder die Nutzeroberfläche verbessern.

Aktualisierte Geräte sind sicherer

Es ist wichtig, Software, Programme, Anwendungen und Systeme **regelmäßig** zu aktualisieren und Updates vorzunehmen. Nur so wird sichergestellt, dass sie so reibungslos, effizient und sicher wie möglich laufen. Updates und Aktualisierungen verhindern, dass Ihre Geräte anfällig für Malware, Viren und anderen Sicherheitsbedrohungen sind. Oft bieten sie auch neue Funktionen oder Verbesserungen im Hinblick auf das Nutzungserlebnis. Sie können auch notwendig sein, damit Geräte mit den Systemen und Programmen kompatibel bleiben. Und sie können Produktivität, Stabilität und Leistung Ihrer Geräte verbessern.

Regelmäßige Überprüfung gefragt

Im Normalfall werden Aktualisierungen und Updates automatisch vorgenommen oder zumindest vorgeschlagen. Weil das nicht immer der Fall ist, sollten Sie hin und wieder überprüfen, ob welche verfügbar sind – meist in den Einstellungen unter Softwareupdate oder Softwareaktualisierung.

Daten sichern und neu starten

Um **Datenverlust** zu vermeiden, sollten Sie die wichtigen Daten vor einem Update oder einer Aktualisierung sichern (siehe ▶ Seiten 15 und 17). Dann laden Sie die Aktualisierung herunter und installieren sie. Das kann je nach Gerät und Betriebssystem unterschiedlich lange dauern. Sobald die Installation abgeschlossen ist, sollten Sie Ihr Gerät neu starten, sofern es nicht automatisch einen Neustart vornimmt.

Computer
Sicherung (Back-up) einrichten

Zum umsichtigen Umgang mit dem Computer gehört auch die Sicherung, also die regelmäßige Durchführung eines Back-ups. Nur so können Sie im Fall des Falles (Geräte- oder Festplattendefekt, Schadsoftwarebefall) Ihre Daten wiederherstellen.

Unter „Start > Einstellungen > Update und Sicherheit > Sicherung" gelangen Sie zur Aktivierung des **automatischen Back-ups** auf Microsofts Cloudspeicher OneDrive. Trauen Sie der „Wolke" im Internet nicht, dann sollten Sie das Back-up auf einem externen Datenträger durchführen. Dabei stellen tragbare Festplatten im Hinblick auf das Preis-Leistungs-Verhältnis, die Lebensdauer und (im Vergleich zur Cloud) auch den Datenschutz die beste Lösung dar. Möchten Sie auf Nummer sicher gehen, sollten Sie sich zwei Stück davon zulegen. Warum, das erklären wir weiter unten. Achten Sie darauf, dass das verfügbare Speichervolumen keinesfalls geringer ist als jenes Ihrer Computerfestplatte.

Cloud oder Festplatte(n)

Die simpelste Back-up-Methode ist das **händische Kopieren** aller wichtigen Daten (Dokumente, Fotos, Videos, Musikdateien etc.) vom Computer auf die externe Festplatte. Sinnvoller ist die Nutzung der mit Windows mitgelieferten (automatisierten) Möglichkeiten. Geben Sie ins Suchfeld der Taskleiste am unteren Bildschirmrand den Begriff „Systemsteuerung" ein. Dann scheint dieser in der Trefferliste auf. Klicken Sie ihn an sowie in der folgenden Auflistung (Anzeigeoption „Große Symbole") auf den Punkt „Sichern und Wiederherstellen (Windows 7)". Der Hinweis auf Windows 7 findet sich gleichlautend in allen aktuellen Windows-Betriebssystemen und bestätigt die Kompatibilität mit den Vorgängerversionen bis hinunter zu Windows 7.

Besser automatisch

Schließen Sie die externe Festplatte an, vergewissern Sie sich, dass sie vom Computer erkannt wurde, und klicken Sie auf „Sicherung ein-

Sicherung einrichten

richten". Bestätigen Sie die Sicherheitsabfrage mit „Ja" und wählen Sie nun die externe Festplatte als Sicherungsziel aus. Nach Klick auf „Weiter" stehen Sie vor der Frage, welche Daten Sie sichern möchten. Beschränken Sie sich auf eine einzelne externe Festplatte, dann ist die „Auswahl durch Windows" die bessere Option. Hier werden regelmäßig alle relevanten Daten gesichert und zusätzlich wird ein „Image", ein **Systemabbild** angelegt, sprich: eine 1:1-Kopie der gesamten Computerfestplatte. Klicken Sie auf „Zeitplan ändern" und wählen Sie die tägliche Sicherung sowie eine Uhrzeit, zu der Sie Ihren Computer am häufigsten einschalten. Bestätigen Sie mit „OK" und danach mit „Einstellungen speichern und Sicherung ausführen".

Restrisiko minimieren

Was bleibt, ist ein gewisses Restrisiko. Manche Schadprogramme, wie etwa Ransomware (siehe ▶ Seite 118), können auch angeschlossene externe Datenträger befallen und deren Inhalt verschlüsseln. Im schlimmsten Fall kann es also passieren, dass gemeinsam mit den Daten auf Ihrer Computerfestplatte auch das Back-up verloren ist. Die sicherere Methode ist daher, **zwei externe Festplatten** zu verwenden. Eine davon lassen Sie ständig am Computer angeschlossen, wählen unter „Sicherung einrichten" die Option „Auswahl durch Benutzer" und sichern die vorgeschlagenen Elemente unter der Bezeichnung „Datendateien". Unterhalb des Fensters entfernen Sie das Häkchen vor „Systemabbild von Laufwerken einschließen". Nun klicken Sie auf „Weiter" und danach auf „Zeitplan ändern". Wählen Sie die tägliche Sicherung und eine Uhrzeit, zu der Sie Ihren Computer am häufigsten einschalten. Bestätigen Sie mit „OK" und danach mit „Einstellungen speichern und Sicherung ausführen".

Systemabbild

Zusätzlich schließen Sie regelmäßig (z. B. einmal im Monat) die zweite externe Festplatte an und führen unter „Systemabbild erstellen" eine manuelle Sicherung durch. Ist diese abgeschlossen, entfernen Sie die externe Festplatte wieder von Ihrem Computer.

Smartphones

Datensicherung mit Tücken

Bei Android-Smartphones ist die Datensicherung nicht so einfach. Versierte Nutzer:innen greifen zum „Root". Das ist ein gezielter Eingriff ins System, der Funktionen freischaltet, die der Hersteller für die technische Weiterentwicklung vorgesehen hat. Ein vollständiges Back-up des Smartphones wird erst dadurch möglich, entsprechende Apps findet man im Play Store. Da ein Root den Verlust der Herstellergarantie bedeutet und zu technischen Problemen führen kann, empfehlen wir diese Vorgangsweise aber nicht für Laien.

Eine einfache Alternative ist die Aktivierung des Google-Back-ups in den Einstellungen (unter „System", „Sicherung") Ihres Smartphones. Es handelt sich um eine **Online-Sicherung** in der Cloud (siehe ▶ Seite 19), die Bestandteil jedes Google-Kontos ist (siehe ▶ Seite 47). Gesichert werden laut Google folgende Daten: App-Daten (z. B. individuelle Einstellungen, Spielstände), Anrufliste, Kontakte, individuelle Handy-Einstellungen, SMS und MMS, Fotos und Videos. Die Apps selbst werden nicht gesichert. In Ihrem Google-Konto ist nachvollziehbar, welche Apps aus dem Play Store Sie auf Ihrem Smartphone installiert hatten. Im Falle eines Gerätewechsels werden diese neu heruntergeladen. Sollte der kostenlose Speicherplatz in der Cloud knapp werden, können Sie zusätzlichen abonnieren, oder Sie übertragen z. B. Ihre Fotos und Videos auf Ihren Computer (per Kabel oder alternativ per WLAN, etwa mithilfe der App „PhotoSync" von touchbyte). **Achtung!** In den folgenden Fällen werden Ihre Daten laut Google gelöscht: Wenn Sie Ihr Handy 57 Tage lang nicht verwenden und/oder wenn Sie das Back-up in den Geräteeinstellungen deaktivieren.

Google-
Back-up

Einige Gerätehersteller bieten ihr eigenes Cloud-Back-up an, die Apps sind vorinstalliert. Die funktionieren im Großen und Ganzen gut, der entscheidende Nachteil ist aber, dass das Rücküberspielen des Back-ups in

Hersteller-
Alternativen

der Regel nur auf ein Gerät desselben Herstellers erfolgen kann. So wird versucht, die Nutzer:innen längerfristig an eine Marke zu binden.

Lokales Back-up

Mit Rücksicht auf den Datenschutz besteht vielfach der Wunsch nach lokalen Back-ups, um die Cloudspeicherung zu vermeiden. Es gibt im Play Store etliche **Back-up-Apps**, die aber bei genauerem Hinsehen fast alle unbrauchbar sind. Entweder ist auch hier eine Cloud im Spiel und/oder es gibt massive Datenschutzbedenken, oder der versprochene Funktionsumfang ist nur nach dem eingangs erwähnten Root möglich. Abraten müssen wir von der dauerhaften Datenaufbewahrung auf einer SD-Speicherkarte, hier ist die Gefahr eines technisch bedingten Datenverlustes wesentlich höher als bei internen oder externen Festplatten am Computer. Zum Überspielen gesicherter Handydaten auf den Computer können Sie die SD-Karte verwenden. Wenn Sie keine App nutzen, dann können Sie – wie gesagt – Fotos und Videos manuell überspielen. Kontakte und SMS lassen sich oftmals über die Einstellungen der jeweiligen App exportieren bzw. (per Mail oder Messenger) senden und somit auf ein anderes Gerät oder ein Speichermedium übertragen (die Kontakte in Form einer VCF-Datei). Auch andere Apps haben oft eine integrierte Sicherungsfunktion, allen voran WhatsApp (siehe ▶ Seite 83), dessen Inhalte nur auf diese Weise vollständig gesichert werden können. Hier ist man beim vollständigen Back-up allerdings auf die Cloud angewiesen („Einstellungen", „Chats", „Chat-Backup"). Die Option „Chat exportieren" ist kein Back-up im eigentlichen Sinn. Man kann damit aber einzelne Chatverläufe in Form einer Textdatei plus den dazugehörigen Bilder und Videos abspeichern sowie an andere Personen senden.

MyPhone Explorer

Tatsächlich gibt es eine einzige bewährte, vielseitige und noch dazu kostenlose Möglichkeit der Handy-Datensicherung lokal am Computer. Sie heißt **MyPhoneExplorer** (fjsoft.at) und stammt vom österreichischen Entwickler Franz Josef Wechselberger.

Cloudspeicher

Daten auslagern

Hinter dem englischen Begriff „Cloud" (Wolke) stecken Online-Spei-
cherdienste von teils sehr großen, namhaften Anbietern, bei denen Un-
mengen an Daten gespeichert werden.

Unweigerlich mit dem Begriff verbunden sind freilich auch Datenschutzbedenken, die nicht völlig von der Hand zu weisen sind. Das Risiko, dass
von außen unbefugt auf Daten zugegriffen wird, besteht grundsätzlich
immer. Hinzu kommt, dass ausgerechnet die gängigsten Anbieter ihren
Sitz in den **USA** haben, wo in Sachen Datenschutz nicht dasselbe Niveau
herrscht wie in Europa. So werden die Daten auf den Online-Speichern
automatisch auf Viren, aber auch auf verbotene Inhalte gescant, und der
Zugriff von Behörden auf diese Inhalte ist gemäß der US-amerikanischen
Gesetzgebung wesentlich einfacher als bei uns. Auch wenn etwa Microsoft mittlerweile eigene Speicherstandorte in Europa hat, ist es bisher
nicht gelungen, alle Zweifel restlos zu beseitigen, dass nicht doch Daten
nach Amerika übermittelt werden.

Datenschutz-
bedenken

Andererseits bietet eine Cloudlösung auch Vorteile: Der Zugriff auf die
Daten kann von überall auf der Welt und von unterschiedlichen Geräten
aus erfolgen (auf Wunsch auch gleichzeitig von verschiedenen Personen).
Zudem kann man die Cloud als Back-up-Speicher nutzen, also zur zusätzlichen Sicherung von Daten für den Fall, dass ein Gerät oder eine
Festplatte beschädigt wird oder abhandenkommt. Zuletzt muss man auch
noch die Möglichkeit der nahtlosen Nutzung mehrerer Geräte gleichzeitig
nennen. Egal ob Laptop, Tablet oder Smartphone – dank Synchronisierung über die Cloud sind die Daten immer aktuell.

Fernzugriff
und Back-up

Mit jedem Microsoft-Konto mitgeliefert wird **OneDrive**, bei Google ist
es **Google Drive**. Beide bieten ein gewisses Ausmaß an kostenlosem
Speicherplatz (zusätzlicher Platz kann jederzeit abonniert werden), was

Die bekanntesten
Anbieter

sie zu den meistgenutzten Cloud-Anbietern im Privatbereich macht. Als „traditionsreicher" Anbieter nennenswert ist außerdem **Dropbox** (dropbox.com).

Abseits der erwähnten Datenschutzvorbehalte sprechen die lange Tradition und die weite Verbreitung schon für die Nutzung der genannten Dienste. Auch die grundsätzliche Anforderung an die Sicherheit der Daten, also ihre **Verschlüsselung** auf dem Online-Speicher, ist bei OneDrive, Google Drive und Dropbox gewährleistet. Was Sie sonst noch beachten sollten:

- Überprüfen Sie die Einstellungen dahingehend, welche Daten genau synchronisiert werden und welche Geräte auf sie zugreifen können.
- Checken Sie Ihre Cloud-Konten regelmäßig. Wenn Sie verdächtige Aktivitäten bemerken, ändern Sie am besten gleich Ihr Passwort und kontaktieren den Cloud-Anbieter.
- Speichern Sie keine hochsensiblen Daten wie Kreditkarteninformationen oder Passwörter in der Cloud.

Neben den Anbietern aus Übersee gibt es auch welche mit Sitz in **Europa**, die sich den DSGVO-Grundsätzen verschrieben haben. Zu nennen ist etwa **Luckycloud** (luckycloud.de). Bei diesem deutschen Dienst zahlen Sie nur den Speicherplatz, den Sie nutzen. Sicherheit durch Mehrfachverschlüsselung wird großgeschrieben. Gleiches gilt für den Anbieter **Your Secure Cloud** (yoursecurecloud.de). Auch er arbeitet mit hohen Verschlüsselungs-Standards und hat Angebote ab einigen wenigen Euro pro Monat im Programm.

Die **Schweiz** kommt ebenfalls als Standort für sichere Cloudlösungen infrage. Ein wahrer Musterschüler in Sachen Datenschutz ist **Infomaniak** (infomaniak.com). Er hat nun auch Angebote für Privatkunden im Programm. Schließlich ist noch **pCloud** (pcloud.com) zu empfehlen, weil das Unternehmen neben dem Abo-Modell auch Speicherplatz per Einmalzahlung anbietet und ein kostenloses Paket im Programm hat.

Windows

Umgang mit Benutzerkonten

Der richtige Umgang mit den Benutzerkonten zählt zum Basisschutz. Beim ersten Hochfahren eines neuen Computers durchlaufen Sie einen automatisierten Registrierungsprozess, bei dem Sie das Gerät individuell benennen mit einem Passwort (= Administratorkennwort) absichern. Das Ergebnis dieses Prozesses ist Ihr persönliches **Administratorkonto** mit erweiterten Zugriffsrechten auf das System.

Ergänzend dazu ist es sinnvoll, ein „normales" Benutzerkonto, also ein **Standardkonto** für den täglichen Gebrauch, einzurichten. Mit diesem können Sie alle Programme verwenden und die Einstellungen nach Belieben anpassen. Im Standardkonto haben Sie aber nicht die Möglichkeit, Änderungen vorzunehmen, die Einfluss auf das System haben, sozusagen in die Tiefe gehen (Installation und Deinstallation von Software, Vergabe von Benutzerrechten, Zugriff auf sämtliche Dateien etc.). Auch Ihr Standardkonto sollten Sie jedenfalls mit einem Passwort sichern, das nicht dasselbe sein sollte wie jenes für das Administratorkonto. Das persönliche Standardkonto ergibt noch mehr Sinn, wenn Sie oft mit Laptop unterwegs sind. Denn Diebstahl oder schlichtes Vergessen des Laptops ist ebenfalls ein Sicherheitsproblem. Und wird das Gerät innerhalb der Familie von mehreren Personen genutzt, sollte jede davon ihr eigenes Benutzerkonto haben.

Administrator-
konto versus
Standardkonto

Andere Benutzerkonten oder ein aus Sicherheitsgründen verwendetes lokales Konto (siehe den nächsten Absatz) können Sie in den „Einstellungen" (zu finden nach Klick auf das Windows-Fenstersymbol und das Zahnradsymbol) im Bereich „Konten", „Familien und andere Benutzer" anlegen. Dazu wird ein Microsoft-Konto benötigt, es sei denn, Sie melden das Konto unter „Ihre Familie" an und wählen „Konto für eine(n) Minderjährige(n) erstellen" aus. Im Ausklappmenü unter „Anmeldung nicht möglich" müssen Sie dann noch „Anmeldung zulassen" aktivieren. Unter

Benutzerkonto
anlegen

„Andere Nutzer" können Sie ebenfalls weitere Konten hinzufügen (ein Microsoft-Konto ist hierfür obligatorisch) und unter „Kontooptionen" den Kontotyp ändern(also entweder auf „Standard" oder auf „Administrator"). Dafür müssen Sie als „Administrator" angemeldet sein. Nicht mehr benötigte Konten sollten Sie aus Sicherheitsgründen löschen, auch das können Sie hier tun.

Alternative: Lokales Konto

Alternativ gibt es die erwähnte Möglichkeit, sich mit einem **lokalen Konto** anzumelden. Wenn Sie damit arbeiten, unterbinden Sie die automatische Synchronisierung der Daten und werden nicht automatisch bei Microsoft-Diensten wie OneDrive, Teams, Outlook, im App-Store oder im Edge-Browser angemeldet. Sie reduzieren damit den Datenfluss in Richtung Microsoft deutlich, können sich aber bei Bedarf gezielt bei einem der genannten Dienste anmelden. Um ein lokales Konto anzulegen, klicken Sie wieder in den „Einstellungen" auf „Konten", „Familie und andere Benutzer" und „Diesem PC eine andere Person hinzufügen". Anstatt eine E-Mail-Adresse oder Telefonnummer einzugeben, klicken Sie auf „Ich kenne die Anmeldeinformationen für diese Person nicht". Dann wählen Sie „Benutzer ohne Microsoft-Konto hinzufügen".

Sinnvolle Kombination

Wenn Sie ohne Microsoft-Konto arbeiten, dann muss Ihnen jedoch auch klar sein, dass Sie auf ein gewisses Maß an Komfort verzichten. So erweist sich etwa der Online-Speicher OneDrive (siehe ► Seite 19) bei der Weitergabe von größeren Mengen an Bildern als praktisch. Ratsam ist daher die Kombination beider Varianten, also Microsoft- plus lokales Konto.

(K)eine Alternative: die Basisvariante

Der Vollständigkeit halber möchten wir darauf hinweisen, dass es im Internet Tipps gibt, wie man Windows ausschließlich mit einem lokalen Konto nutzen kann, also ohne ein Microsoft-Konto anzulegen – indem man etwa bei Ersteinrichtung des Computers die Internetverbindung trennt oder nicht existente Nutzerdaten eingibt, was zu einer Fehlermeldung führt. Die Frage ist, wie sinnvoll dies angesichts der damit verbundenen **Nutzungseinschränkungen** ist und wie lange Microsoft dies noch zulassen wird.

Windows
Datenschutz-Einstellungen

Um den Datenfluss in Richtung Microsoft zu reduzieren, sollten Sie sich mit den Datenschutzeinstellungen von Windows befassen. Wir orientieren uns an Windows 11, wo unter anderem die Werbeeinblendungen ausgeweitet wurden. Die grundlegenden Dinge finden Sie aber genauso in Windows 10, denn schon dort hat Microsoft die Nachverfolgung deutlich ausgeweitet.

Gehen Sie in die „Einstellungen", dort in die Rubrik „Datenschutz & Sicherheit", und zwar zum Abschnitt „Windows-Berechtigungen". Unter „Allgemein" können Sie unterbinden, dass Ihnen auf Grundlage Ihrer Windows-Nutzung und Ihres Surfverhaltens **personalisierte Werbung** zugestellt wird. Stellen Sie dazu die Schalter auf „Aus". | **Berechtigungen**

Über eingebaute oder angeschlossene Mikrofone können Sie Windows über Sprachbefehle steuern oder Texte diktieren. Das funktioniert lokal, aber auch mit Unterstützung der Online-Spracherkennung. Letzteres bedeutet, dass Ihre Spracheingaben in die **Cloud** versendet und dort ausgewertet werden. Was genau mit diesen Informationen geschieht, ist unklar. Wir raten, diese Funktion abzuschalten. | **Sprach-erkennung**

Wie nutzen Sie Ihren Computer und welche Probleme treten in Ihrem System auf? Es ist nachvollziehbar, dass Microsoft solche Daten erhebt, um künftige Windows-Versionen zu verbessern. In den versendeten Telemetriedaten und Fehlerberichten können allerdings auch Inhalte von privaten Dokumenten enthalten sein. Abschalten! | **Diagnose und Feedback**

Möchten Sie, dass Ihre Nutzungsdaten **zu Werbezwecken** verarbeitet werden? Nein? Abschalten! Setzen Sie dabei gleich auch die „Feedbackhäufigkeit" auf „Nie", um Nachfragen vonseiten des Konzerns zu unterbinden. | **Individuelle Nutzererfahrung**

Aktivitäts-verlauf

Standardmäßig speichert Windows lokal, welche Apps Sie benutzen und welche Webseiten Sie besuchen. Die Option, diese Informationen auch mit Microsoft zu teilen, sollte ausgeschaltet sein. Das lokale Speichern können Sie dagegen aktiviert lassen.

Such-berechtigungen

Die **Windows-Suche** (erreichbar über die Lupe bzw. das Suchfeld rechts neben dem Windows-Button) berücksichtigt unter anderem auch auf Ihrem Computer gespeicherte Informationen, Daten aus OneDrive, Share-Point, Outlook, Bing und anderen Diensten, bei denen Sie sich mit Ihrem Microsoft-Konto angemeldet haben, sowie von Ihnen besuchte Web-seiten. Wenn Sie diese Funktionen deaktivieren, werden Ihnen natürlich weniger relevante Suchergebnisse angezeigt. Hier können Sie auch Ihren lokal gespeicherten Suchverlauf löschen, um ihn vor unbefugten Augen zu verbergen. Unter „SafeSearch" können Sie außerdem festlegen, wie stark der Jugendschutz bei der Anzeige von Suchergebnissen berück-sichtigt werden soll.

Windows durchsuchen

Windows erstellt einen Index aus Ihren Festplatteninhalten, damit Sie schnellere Suchergebnisse erzielen. Da sich diese Funktion auf die lokale Ebene beschränkt, ist sie für den Datenschutz weniger relevant.

App-Berechtigungen

Für diesen Bereich lassen sich kaum allgemeine Empfehlungen geben. Hier wird insbesondere der Zugriff von bestimmten Apps und Programmen auf bestimmte Hardwarebauteile wie Kamera und Mikrofon sowie auch auf Inhalte wie Bilder, Videos und das Dateisystem geregelt. Solche Be-rechtigungen sind notwendig, um bestimmte Funktionen auszuführen. Es empfiehlt sich aber, die 25 Unterpunkte von Zeit zu Zeit durchzugehen, um festzustellen, welcher Dienst aktuell welche Berechtigungen hat. Oft stellt sich dabei heraus, dass man Berechtigungen unbewusst erteilt hat oder sich nicht mehr daran erinnert. Berechtigungen für Programme, die Sie gar nicht nutzen, sollten Sie auf jeden Fall zurücknehmen.

Weitere Einstell-möglichkeiten

Möchten Sie sich noch genauer in Ihre **Datenschutzeinstellungen** einarbeiten, finden Sie unter der Adresse account.microsoft.com/privacy weitere Erklärungen von Microsoft sowie die Möglichkeit, die Einstel-lungen nach Anmeldung mit Ihrem Microsoft-Konto online anzupassen.

Browser
Sicherer surfen

Der Browser ist das zentrale Werkzeug für das Surfen im Internet. Ob Google Chrome, Microsoft Edge oder Mozilla Firefox: Sie alle bieten vergleichbare Einstellungsmöglichkeiten und vordefinierte Sicherheitsfeatures.

In der Adressleiste des Internetbrowsers ist in der Regel ein graues oder grünes Vorhängeschloss-Symbol zu sehen. Das deutet darauf hin, dass der Seitenaufruf über eine **verschlüsselte Verbindung** stattfindet. Diese sollte immer gewährleistet sein. Glücklicherweise sind Seiten ohne entsprechende Verschlüsselung nur mehr ganz selten im Umlauf. Sie sollten nicht aufgerufen werden.

Allgemeine Sicherheitsmerkmale

Seiten mit besagtem Vorhängeschloss haben das Kürzel **https** vor ihrem eigentlichen Seitennamen stehen. Das s am Ende steht für sicher (englisch: secure), weil die Verschlüsselung der Seite über SSL-Zertifikate (Secure Socket Layer) realisiert wird. Das heißt, der Server, auf dem sich die Seite befindet, muss sich über ein solches Zertifikat ausweisen können.

SSL-Verschlüsselung

Daher lohnt sich immer ein kritischer Blick in die Adressleiste des Browserfensters. Sie brauchen aber nicht einmal zu klicken: Stellen Sie in einer verdächtigen E-Mail den Mauszeiger auf den dort angeführten Link. Dann erscheint ein kleines Fenster, dem Sie in der Regel entnehmen können, zu welcher Adresse der Link führt.

Adresse im Voraus checken

Klicken Sie im Browser auf das Vorhängeschloss und danach auf die verschiedenen Ebenen des sich öffnenden Fensters, dann erfahren Sie wichtige Dinge zum betreffenden Zertifikat, u. a. für wen es ausgestellt wurde, welche Stelle es vergeben hat und wie lange es gültig ist. Finger weg von abgelaufenen Zertifikaten. Interessant ist auch der Grad der Verschlüsselung. **128 Bit** sollten es mindestens sein.

Blick auf die Verschlüsselung

Achtung! Es kommt immer wieder vor, dass man neben dem Vorhänge-schloss ein Warndreieck sieht oder dass das Schloss durchgestrichen ist oder dass im Browser Meldungen auftauchen, die sinngemäß be-sagen, dass „nur sicherer Inhalt" angezeigt wird. Dabei handelt es sich um https-verschlüsselte Seiten, die aber unverschlüsselte Elemente ent-halten (z. B. Grafiken, Bilder oder Werbebanner). Man spricht auch von gemischten Inhalten. Üblicherweise hat man die Option, die unsicheren Inhalte nachzuladen. Dies sollte man zumindest auf Seiten, auf denen man persönliche Daten eingibt, keinesfalls tun, denn man weiß nicht, mit wem die unsicheren Elemente kommunizieren.

**Privates Fenster:
Nicht anonym**

Eine spezielle Option führt oft zu Missverständnissen, nämlich das „Pri-vate Fenster" bzw. „InPrivate-Browsen" oder auch „Inkognito-Fenster" genannt. Viele Nutzer:innen nehmen an, die Aktivierung dieser Funktion ermögliche nach außen hin anonymes Surfen. Tatsache ist, dass lediglich keine lokalen Aufzeichnungen über den Surfverlauf auf dem Computer selbst erfolgen (Chronik/Verlauf, Suchanfragen, Cookies, temporäre Da-teien). Das ist z. B. von Vorteil, wenn Sie an einem fremden Computer arbeiten. Nur Firefox hat mit dem Tracking-Schutz mehr zu bieten. Dieser Schutz vor Aktivitäten-Nachverfolgung ist mit dem privaten Fenster ver-knüpft bzw. kann er gesondert aktiviert werden. Dies ist zumindest als Basisschutz akzeptabel. **Aber Vorsicht!** Vollständige Anonymität ist trotzdem nicht gegeben, Ihr Internetanbieter kann jedenfalls nachvoll-ziehen, welche Seiten Sie aufgerufen haben.

**„Do Not Track"
nützt wenig**

Nicht verwechseln darf man den Tracking-Schutz bei Firefox mit der in den Browsern aktivierbaren „Do Not Track"-Aufforderung, die darauf hinausläuft, dass jeder aufgerufenen Website signalisiert wird, dass die Nutzer:innen keine Nachverfolgung wünschen. Die Betreiber der Website können sich daran halten oder auch nicht. Aufgrund dieser Freiwilligkeit kann diese Option ruhig deaktiviert bleiben. Sinnvoller ist es, einen Wer-beblocker zu installieren (siehe ▶ Seite 37).

Browser

Einstellungsempfehlungen

Jeder Browser hat in seinen Einstellungsmöglichkeiten Stufen, mit denen eine Nachverfolgung bis zu einem gewissen Grad unterbunden werden kann. Meistens ist die voreingestellte, **mittlere Stufe** die empfehlenswerteste, weil sie einen Kompromiss zwischen (immer noch) flüssiger Bedienung und erhöhter Sicherheit darstellt.

Je härter die Einstellungen vorgenommen werden, desto höher sind die Einbußen in Sachen Komfort, und es kann durchaus passieren, dass einzelne Internetseiten nicht mehr wie erwartet funktionieren. Am sinnvollsten ist es, die verschiedenen Stufen auszuprobieren, wobei wir die niedrigste ohne zusätzliche Sicherheitsmaßnahmen (siehe ▶ Seiten 37, 136) nicht empfehlen können. Wovon wir ebenfalls grundsätzlich abraten, ist das automatische Speichern und Ausfüllen von Benutzernamen und Passwörtern (Autofill, siehe unten), auch wenn dies klarerweise eine Komforteinbuße darstellt.

Cookies sind ein zentrales Thema. Sie dienen unter anderem dazu, Ihre Aktivitäten im Internet nachzuverfolgen (Details dazu siehe ▶ Seite 35). Sie gänzlich zu unterdrücken ist trotzdem nicht sinnvoll und führt zu Fehlfunktionen der aufgerufenen Webseiten, sie können aber beim Schließen des Browsers ruhig automatisch gelöscht werden oder in regelmäßigen Abständen manuell („Browserdaten löschen"). **Drittanbieter-Cookies** sind auf jeden Fall unnötig. Sie stammen von Firmen, die nicht unmittelbar mit dem Betreiber der Internetseite zu tun haben und meist auf Werbung und das Sammeln von Daten spezialisiert sind. Wobei die Browser in ihren Einstellungen das grundsätzliche Unterdrücken der Drittanbieter-Cookies erlauben oder in der Regel sogar voreingestellt haben.

Phishingfilter sind seit Jahren standardmäßig in die Browser integriert, aber mittlerweile nicht mehr unter diesem Namen zu finden. Gemeint

Feinabstimmung für mehr Sicherheit

Cookies löschen

Phishingfilter

sind Erkennungswerkzeuge für gefälschte Webseiten, über die versucht wird, an persönliche Daten zu kommen. Die Rede ist heute meist von einem Schutz vor bösartigen Seiten oder vom **sicheren Surfen** (siehe ▶ Seite 29). Das Prinzip dahinter ist, dass die Adressen jener Internetseiten, die Sie aufrufen möchten, mit einer Liste verdächtiger Seiten abgeglichen werden. Die Listen sind freilich niemals vollständig. Dazu kommt, dass durch den Online-Abgleich der Datenfluss in Richtung der Browser-Anbieter (nicht zuletzt Google und Microsoft) weiter steigt. Je weniger Internet-Erfahrung Sie haben, desto eher ist es trotzdem sinnvoll, diesen zusätzlichen Sicherheitspolster aktiviert zu lassen.

Pop-ups blockieren

Pop-ups blockieren ist gleichfalls eine sinnvolle Funktion. Es handelt sich um Fenster, die sich ansonsten während des Surfens automatisch öffnen und in der Mehrzahl der Fälle lästige Werbung und/oder zweifelhafte Links enthalten. Nur sehr selten benötigt man ein Pop-up-Fenster, z. B. um sich online bei einem E-Mail-Benutzerkonto anzumelden. Die betreffende Website kann man als Ausnahme festlegen.

Nein zu Autofill

Stichwort Autofill, AutoAusfüllen, automatisches Ausfüllen: Passwörter und Anmeldedaten zu speichern ist zwar komfortabel, wir raten aber eher davon ab. Denn dadurch speichert Ihr Browser Ihre persönlichen Zugangsdaten und füllt die Felder bei der Anmeldung automatisch aus. Bei mobilen Geräten, die verloren oder gestohlen werden können, oder bei jenen, die für Dritte zugänglich sind, sollte dies erst gar nicht in Erwägung gezogen werden. Aber auch bei Standgeräten daheim sollten Sie bedenken, dass die Browser nur ein mäßig sicherer Ort für die Ablage wichtiger Daten sind. Eine Alternative mit erhöhter Sicherheit stellen **Passwortmanager** dar (siehe ▶ Seite 138)

Basisschutz ist noch kein echter Schutz

Wichtig zu betonen ist uns, dass all die Einstellungen im Browser einen Basisschutz darstellen. Ein effektiver und wirkungsvoller Schutz vor Nachverfolgung durch Cookies ist nicht gegeben. Er kann, wenn überhaupt, durch **Erweiterungen** wie Ghostery erzielt werden (siehe ▶ Seite 37).

Google Chrome

Wichtige Sicherheitseinstellungen

Der mittlerweile beliebteste Browser schützt standardmäßig vor bösartigen Downloads und Websites. Das Sicherheitsniveau lässt sich aber noch erhöhen. Gehen Sie im Dreipunktmenü oben rechts auf „Einstellungen", weiter auf „Datenschutz und Sicherheit" und „Sicherheit". Dort aktivieren Sie den Punkt „Erweitertes Safe Browsing". Sie müssen sich jedoch darüber im Klaren sein, dass Google dann noch mehr Daten abgreift (siehe dazu auch ► Seite 27, „Phishingfilter"). Im Gegenzug warnt der Konzern in größerem Umfang vor schädlichen Daten und Datenpannen, bei denen Passwörter freigegeben werden. Aktivieren Sie ebenfalls unter „Sicherheit" den Punkt „Immer sichere Verbindungen verwenden".

Bis Chrome die Drittanbieter-Cookies komplett verbannt hat (siehe nächste Seite), sollten Sie unter „Datenschutz und Sicherheit", „Cookies und andere Website-Daten" den Punkt „Drittanbieter-Cookies blockieren" aktivieren. Weiter unten können Sie benutzerdefinierte Einstellungen vornehmen, etwa Websites festlegen, die immer Cookies verwenden dürfen, oder umgekehrt jene, die das nie dürfen.

Drittanbieter-Cookies blockieren

Um sicherzustellen, dass Sie stets die aktuelle Version von Chrome verwenden, öffnen Sie das Dreipunktmenü, wählen „Hilfe" und „Über Google Chrome". Sollte es nicht schon die neueste Version sein, dann aktualisiert sich Chrome nun automatisch.

Browser aktuell halten

2022 führte Google unter „Datenschutz und Sicherheit" den Sicherheitscheck für Chrome ein. Wer draufklickt, wird schrittweise durch die Datenschutzeinstellungen des Browsers geführt. Auch dort lässt sich das erweiterte Safe Browsing aktivieren, außerdem kann man Drittanbieter-Cookies blockieren. Wir raten weiters dazu, den Punkt „Web & App-Aktivitäten" zu deaktivieren.

Neuer Datenschutzleitfaden

Verbesserter Schutz mit Chrome 117

Die seit September 2023 verfügbare Aktualisierung auf Chrome 117 brachte einige wesentliche Neuerungen mit sich. Darunter einen verbesserten Schutz vor Phishing (siehe ► Seite 116) und Schadsoftware. Dieser erfolgt nun in einem Echtzeitabgleich statt wie davor über eine lokal gespeicherte Liste. Den Echtzeitschutz hatte man bei früheren Versionen auch, aber nur, wenn das weiter oben genannte „Erweiterte Safe Browsing" aktiviert wurde. Seit der Umstellung ist der Modus trotzdem weiterhin vorhanden. Er bringt zusätzliche Vorteile wie eine bessere KI-Erkennung von Gefahren, eine genauere Analyse von Downloads und einen besseren Schutz vor bösartigen Add-Ons.

Privacy Sandbox

Neu ist mit dieser Version auch, dass die sogenannte „Privacy Sandbox" automatisch aktiviert ist. Eine **Sandbox** (Sandkiste) ist ein nach außen hin abgeschotteter Bereich auf dem Computer oder dem Smartphone. Das System wertet nun direkt im Browser die persönlichen Nutzungsdaten aus und ordnet sie in verschiedene Kategorien ein. Diese Informationen dienen Google als neue Basis, um künftig maßgeschneiderte Werbung ausliefern zu können.

2024: Übergangsphase

Parallel dazu blockiert Chrome zunehmend die sogenannten Third Party Cookies (Drittanbieter-Cookies, siehe ► Seite 35). Der Prozess der **Abschaffung der Drittanbieter-Cookies** soll Unternehmensangaben zufolge Ende 2024 abgeschlossen sein. Google selbst propagiert die Privacy Sandbox als privatsphärefreundlicheren Ersatz des Trackings über Drittanbieter-Cookies und erklärt, dass Nutzer:innen über die Technologie nicht eindeutig identifiziert werden können. Verifizieren lässt sich das jedoch nicht.

Die Sandbox blockieren

Wobei sich die Privacy Sandbox ganz einfach deaktivieren lässt: Im Dreipunktemenü auf „Einstellungen" klicken, weiter auf „Datenschutz und Sicherheit" und weiter auf den Reiter „Datenschutz bei Anzeigen". Dort sollten alle drei Kategorien (Werbethemen, von Websites vorgeschlagene Themen und Erfolgsmessung von Anzeigen) deaktiviert werden.

Microsoft Edge

Die wichtigsten Sicherheitseinstellungen

Klicken Sie das Dreipunktmenü am oberen rechten Rand an und wählen Sie „Einstellungen". Unter „Datenschutz, Suche und Dienste" können Sie unter „Tracking-Verhinderung" zwischen „einfach", „ausgewogen" und „streng" wählen. Nachdem wir für den bestmöglichen Tracking-Schutz ohnehin eine Erweiterung empfehlen (siehe ▶ Seite 37), kann diese Einstellung bei „ausgewogen" bleiben.

Weiter unten im Menü können Sie wählen, was beim Schließen des Browsers gelöscht werden soll. Wir empfehlen, die Regler bei so vielen Punkten wie möglich auf aktiv zu stellen, wobei auch hier gilt, dass diese Verbote **zulasten des Komforts** gehen. Es ist also bis zu einem gewissen Punkt Geschmackssache, wobei wir wie bei allen Browsern vom Speichern der Passwörter abraten (siehe ▶ Seite 28). Beim Unterpunkt „Datenschutz" sollten Sie „Zulassen, dass Websites überprüfen, ob Sie Zahlungsmethoden gespeichert haben" deaktivieren.

Löschen nach Schließung

Noch weiter unten unter „Personalisierung & Werbung" sollte der Schieberegler deaktiviert sein. Damit erlauben Sie Microsoft nicht, Ihre Werbeanzeigen (und auch Nachrichten) zu personalisieren.

Personalisierte Werbung einschränken

Die Funktion „Windows Defender SmartScreen" im Unterpunkt „Sicherheit" soll vor schädlichen Webseiten und Downloads schützen, steht aber in der Kritik, Daten abzusaugen – daher sollte sie deaktiviert sein, außer Sie sind sehr unsicher im Umgang mit dem Internet.

Windows Defender SmartScreen deaktivieren

Verlassen Sie „Datenschutz, Suche und Dienste", klicken Sie auf „Cookies und Websiteberechtigungen" und „Verwalten und Löschen von Cookies und Websitedaten". Aktivieren Sie den Schieberegler von „Cookies von Drittanbietern blockieren" und deaktivieren Sie „Seiten für schnelleres Browsen und Suchen im Voraus laden".

Drittanbieter-Cookies blockieren

Firefox
Unsere Empfehlungen

Was man vorab wissen sollte: Die beiden Browser Google Chrome und Microsoft Edge sind technisch miteinander verwandt. Genauer gesagt hat Microsoft aufgrund des Erfolgs von Chrome vor einigen Jahren einen Schwenk gemacht und Edge entsprechend adaptiert. Die Folge davon ist, dass die verwendete, von Google entwickelte Technologie fast schon eine Monopolstellung hat. Es gibt nur noch wenige Alternativen, wie beispielsweise Firefox.

Gutes Team: Firefox und Startpage

Obwohl der Firefox-Browser Google als Standard-Suchmaschine vorinstalliert hat, ist er doch empfehlenswerter als Chrome – zumal die Firefox-Entwickler von Mozilla regelmäßig **verbesserte Schutzmechanismen** gegen Aktivitätenverfolgungen einbauen. Noch besser wird der Schutz, wenn Sie die Suchmaschine Startpage als Standard einstellen. Denn diese zeigt die Ergebnisse von Google anonymisiert an und verfügt zusätzlich über einen integrierten Trackingschutz (siehe auch ▶ Seite 34). Von vollständig kann auch bei ihm nicht die Rede sein, er ist jedoch umfassender als jener der Konkurrenz.

Startpage als Standardsuchmaschine

Klicken Sie hierfür auf das Menüsymbol (drei Striche oben rechts, auch Sandwich-Menü oder Hamburger-Menü genannt) und wählen „Einstellungen". Dann gehen Sie auf den Punkt „Suche", dort weiter zum Punkt „Standardsuchmaschine" und wählen den Pfeil neben der aktuell eingestellten Suchmaschine. Dieser sollte ein Auswahlmenü öffnen, in dem Sie die von Ihnen gewünschte Suchmaschine auswählen können. Sollte Startpage fehlen, können Sie diese über „Weitere Suchmaschinen hinzufügen" oder alternativ direkt über die Website startpage.com hinzufügen.

Das Sicherheitslevel heben

Ebenfalls in der Menüschaltfläche unter „Einstellungen", „Datenschutz & Sicherheit" können Sie Ihr Maß an Schutz vor Aktivitätenverfolgung auswählen. Der voreingestellte „Standard" ist ein gut austarierter Mix zwischen Schutz und Leistung. Wer „Streng" wählt, muss damit rechnen, dass einige Seiten nicht ordnungsgemäß laden. Beim Punkt „Chronik" empfehlen wir, ebenfalls im Hinblick auf ein ausgewogenes Verhältnis zwischen Komfort und Datenschutz, „Firefox wird eine Chronik nach benutzerdefinierten Einstellungen anlegen" auszuwählen. Dann setzen Sie Haken vor „Besuchte Seiten und Download-Chronik speichern" und „Die Chronik löschen, wenn Firefox geschlossen wird". In den dazugehörigen Einstellungen lassen Sie dann „Cookies", „Cache" und „Offline-Websitedaten" beim Schließen des Browsers **automatisch löschen**, indem Sie dort gleichfalls die entsprechenden Felder anhaken.

Die Einstellungen, die Sie im Unterpunkt „Sicherheit" vornehmen können, betreffen Malware-Blockaden („gefährliche und betrügerische Inhalte blockieren" sowie „gefährliche Downloads blockieren" und „vor unerwünschter und ungewöhnlicher Software warnen" – alle drei Punkte sollten aktiviert sein).

Malware blockieren

Da Fragen der Gewohnheit und die Bequemlichkeit auch bei der Computer- und Smartphonenutzung (die genannten Browser gibt es auch für die mobile Nutzung) ein menschliches Phänomen sind, sind die vorinstallierten Browser Chrome und Edge immer noch die meistverwendeten. Dabei ist ein Umstieg kein Aufwand. Die **offizielle Internetadresse** des Anbieters lautet mozilla.org/de. Dann wird der Browser zum kostenlosen Download angeboten, was mit einem Klick erledigt ist. Beim ersten Öffnen des Browsers bekommt man sogleich die Möglichkeit angeboten, dass Lesezeichen und andere Einstellungen und Daten übernommen werden. Auch zu einem späteren Zeitpunkt können Daten ganz einfach importiert werden. Klicken Sie hierfür im Firefox-Browser auf das Sandwich-Menü oben rechts und gehen auf „Lesezeichen", „Lesezeichen verwalten", „Importieren und Sichern" und wählen Sie „Daten aus einem anderen Browser importieren".

Browser-Wechsel ist ein Kinderspiel

Suchmaschinen

Google-Alternativen

„Googeln" steht schon lange synonym für das Suchen im Internet. Und fast ebenso lange hat Google als Unternehmen den Ruf eines Datenkraken. Konkurrenten wie Bing (von Microsoft), Yahoo oder Yandex stehen dem Marktführer freilich in nichts nach. Zusammen mit den Cookies (siehe ▶ Seite 35) tragen die Suchmaschinen dazu bei, unsere Aktivitäten im Internet zu erfassen und zu einem Gesamtbild zusammenzufügen. Dieses lässt sich dann gewinnbringend verkaufen. Doch es gibt Alternativen, die zu einer deutlichen Verbesserung des Schutzes der persönlichen Daten beitragen, weil sie die individuelle Nutzung nicht nachverfolgen.

DuckDuckGo und Startpage

Zwei davon sind DuckDuckGo (duckduckgo.com) und Startpage (start page.com). Die Unterschiede: DuckDuckGo liefert laut eigenen Angaben nicht die meistgesuchten, sondern die besten Suchergebnisse. Dadurch unterscheiden sich diese zum Teil deutlich von den Google-Ergebnissen und werden mitunter als weniger vollständig wahrgenommen. Wer die **Google-Suchtechnologie** beibehalten möchte, ist bei Startpage gut aufgehoben. Hier gibt es außerdem die Möglichkeit, die in der Trefferliste angeführten Internetseiten in einer anonymen Ansicht zu öffnen, die das Tracking unterbindet. Was ebenfalls für Startpage spricht, ist der Firmensitz des Anbieters in den Niederlanden. Hinter DuckDuckGo steckt ein US-amerikanisches Unternehmen. Eines muss einem aber auch bewusst sein: Mit der Nutzung von Startpage ist man persönlich auf der sicheren Seite, unterstützt indirekt aber immer noch Google als Marktführer bei der Suchmaschinen-Technologie.

Standard-Suchmaschine

Jede alternative Suchmaschine lässt sich in den Browser-Einstellungen als Standard festlegen. DuckDuckGo ist in der vorgegebenen Auswahl in der Regel schon enthalten, Startpage lässt sich unter „Suche" bzw. „Suchmaschine verwalten", „Weitere Suchmaschinen hinzufügen" oder alternativ über die Website startpage.com hinzufügen.

Cookies

Nervende Banner

Cookies sind nicht neu. Schon 2002 gab es gesetzliche Regelungen dazu. Zum Ärgernis wurden sie erst mit den auffälligen Bannereinblendungen. Die sind auf eine Entscheidung des Europäischen Gerichtshofs von 2019 zurückzuführen, der voreingestellte Ankreuzkästchen für unzulässig befand und eine aktive Handlung der Nutzer:innen forderte.

Mögen die Einblendungen mitunter als störend empfunden werden – sie machen sichtbar und nachvollziehbar, was sich früher im Verborgenen abgespielt hat, und geben den Nutzer:innen erstmals die Möglichkeit, darüber zu bestimmen, ob personenbezogene Daten erhoben und weitergegeben werden oder nicht. **Cookiebanner** sind daher aus Sicht des Datenschutzes begrüßenswert.

Begrüßenswert

Isoliert betrachtet ist ein Cookie eine harmlose Textdatei, die beim Aufrufen einer Internetseite bzw. nach der Zustimmung lokal im Browser abgespeichert wird. Entscheidend ist, für welchen Zweck das Cookie eingesetzt wird. Vereinfacht gesagt gibt es **notwendige** und **neugierige** Cookies. Notwendige (auch: Sitzungscookies) stellen sicher, dass die Website wie erwartet funktioniert. Ergänzend dazu existieren funktionelle Cookies, die den Nutzerkomfort erhöhen, aber verzichtbar sind. Die neugierigen (auch: Analyse- und Trackingcookies) dienen dem Sammeln von Daten, entweder durch den Betreiber der Website selbst oder durch Dritte wie Google und Facebook. Man spricht hier auch von Drittanbieter-Cookies.

Notwendig oder neugierig

Wenn man so will, dann sind die Analyse- und Trackingcookies tatsächlich die „Bösen" in diesem Spiel. Sie zeichnen das gesamte Nutzungsverhalten auf, und zwar jeden einzelnen Klick, kombiniert mit der Uhrzeit und nach Möglichkeit dem Standort. Einige Cookies nehmen sogar den Websitebesuch als Video auf. Mittels dieser Daten werden Kundenprofile

„Böse"

erstellt, die an die Werbewirtschaft verkauft werden. Solche Daten über das Such-, Surf- und Einkaufsverhalten der Nutzer:innen werden quer übers Internet erhoben, weil die gleichen Drittanbietercookies auf allen gängigen Websites platziert werden.

Blockieren

Früher konnte man dem Tracking, der Nachverfolgung im Internet, eine Spur weit entkommen, indem man in den Browsereinstellungen die Drittanbietercookies blockierte. Dies machen die aktuellen Browser standardmäßig. Wer gezielter vorgehen und dabei auch den Großteil der **Werbeeinblendungen** loswerden möchte, kann die Erweiterung Ghostery (siehe ▶ Seite 37) installieren.

Opt-in

Und schließlich hat man mittlerweile die Auswahlmöglichkeit im Cookiebanner. Es handelt sich um ein Opt-in-Modell. Ohne Zustimmung dürfen Analyse- und Trackingcookies nicht gesetzt werden. Ausgenommen sind lediglich die technisch notwendigen Cookies bzw. unbedingt erforderliche. Alles Weitere hat man selbst in der Hand. Wer allerdings nicht genau schaut und auf den größten oder farbenprächtigsten Button klickt, stimmt sämtlichen Cookies samt Datenweitergabe zu. Hilfreich kann diesbezüglich wiederum die Erweiterung Ghostery mit ihrer Funktion „Niemals-Zustimmung" sein.

Stolperfallen

Leider gibt es ein paar Stolperfallen hinsichtlich der grafischen Gestaltung der Banner sowie der Auffindbarkeit und Bezeichnung der Auswahlmöglichkeiten. Hier agieren manche Anbieter manipulativ. Es gibt auch Websites, auf denen man die Verwendung von Cookies lediglich mit „OK" bestätigen kann. In solchen Fällen können Sie sich mit einer Beschwerde an die **österreichische Datenschutzbehörde** (dsb.gv.at) wenden.

Ablöse (nicht) in Sicht

Über die Cookie-Ablöse wird schon länger diskutiert. Die Frage ist, wie die Nachfolgelösung aussehen kann, damit sowohl die Werbewirtschaft als auch die User:innen damit leben können. Neue Ideen kamen bisher vor allem vom Internetriesen Google. Genau darin lag das Problem. Kurz gesagt liefen die Vorschläge immer darauf hinaus, dass Google seine Vormachtstellung auf dem Werbemarkt ausbaut.

Werbeblocker

Verfolger abschütteln mit Ghostery

Werbeblocker gehören zu den **Browser-Erweiterungen** (auch Add-ons genannt). Sie verhelfen nicht zur Anonymität, reduzieren aber auf den besuchten Internetseiten die Anzahl der Werbeeinblendungen deutlich. Zugleich unterbinden sie allzu intensives Tracking, also die Nachverfolgung der persönlichen Aktivitäten quer durchs Internet.

Ein bewährter Werbeblocker ist Ghostery. Wie jede Erweiterung wird er über das Menü des Browsers installiert. Chrome: Klick auf die drei Punkte rechts oben > Einstellungen > Erweiterungen (bzw. alternativ Klick auf das Puzzlestein-Symbol > Erweiterungen verwalten) > Klick auf die drei Balken links oben > Chrome Web Store öffnen > „Ghostery" ins Suchfeld eingeben > Anklicken > Hinzufügen. Edge: Klick auf die drei Punkte rechts oben > Erweiterungen > Microsoft Edge-Add-ons öffnen > „Ghostery" ins Suchfeld eingeben > Abrufen. Firefox: Klick auf die drei Balken rechts oben > Einstellungen > Erweiterungen und Themes > „Ghostery" ins Suchfeld eingeben > Anklicken > Zu Firefox hinzufügen.

Ghostery herunterladen

Nach dem Herunterladen öffnet sich ein Fenster mit der Schaltfläche „Ghostery aktivieren". Nach Klick darauf wird die Aktivierung bestätigt. Bei Chrome und Edge können Sie das kleine blaue **Gespenst**, das Ghostery symbolisiert, dauerhaft in der Symbolleiste anzeigen lassen, indem Sie auf das Puzzlesteinsymbol und danach auf die Pinn-Nadel bzw. das Auge klicken. Bei Firefox finden Sie es sofort als eigenständiges Zeichen in der Symbolleiste wieder.

Ghostery aktivieren

Rufen Sie eine Ihnen bekannte Internetseite auf. Neben dem Gespenstersymbol wird eine Zahl eingeblendet. Ein Klick auf das Gespenst öffnet ein Fenster mit einer Statistik. Diese bezieht sich auf die geblockten Werbeeinblendungen, auf die blockierten Aktivitäts-Tracker sowie die Ladegeschwindigkeit der aufgerufenen Seite. Der dort angeführte Be-

Blockierte Elemente

griff „Never-Consent" („Niemals-Einwilligen") bezeichnet eine Funktion, die die als lästig empfundenen Cookie-Banner (siehe ► Seite 35) automatisch so ausfüllt, dass nur dem notwendigen Minimum an Nachverfolgung zugestimmt wird. Das kann für jede Seite einzeln oder für alle zusammen bestätigt werden. Bei Seiten, die zwingend die Zulassung von Werbecookies verlangen (etwa von manchen Tageszeitungen), müssen Sie Never-Consent deaktivieren.

Detailansicht

Wählen Sie „Detailansicht", um die Liste der auf der Internetseite blockierten (mit einem durchgestrichenen blauen Kreis markierten) bzw. generell blockierten (mit einem roten X versehenen) Elemente zu sehen. Zuoberst finden Sie die **essenziellen Tracker**, die für das Funktionieren der Seite notwendig sind und daher nicht blockiert werden. Sie können durch Klick auf den Namen ein wenig mehr zu den einzelnen Trackern erfahren (allerdings auf Englisch), können sie auf der aktuellen Internetseite oder generell zulassen und sie auch wieder blockieren (Mauszeiger auf das Kästchen stellen und Klick auf eines der drei eingeblendeten Symbole. Danach über die im Ghostery-Fenster eingeblendete Schaltfläche die Seite neu laden!).

Einstellungen

Wenn Sie auf die drei Punkte rechts oben klicken, gelangen Sie zu den Ghostery-Einstellungen. Beachten Sie die linke Spalte. „Global blockieren" (= alles blockieren) ist quasi die radikale Herangehensweise. Eine Option, die dazu führt, dass Sie immer wieder auf Internetseiten manuell eingreifen und blockierte, aber erwünschte Elemente freigeben müssen (z. B. die Kommentarfunktion oder Videos). Nicht nur in diesem Zusammenhang ist es sinnvoll, unter „Allgemeine Einstellungen" neben: „Informieren Sie mich, wenn ich einen Tracker zulassen muss ..." ein Häkchen zu setzen. Mit den anderen Optionen in der Spalte können Sie sich bei Gelegenheit auseinandersetzen, müssen es aber nicht. Es ist jedenfalls nicht notwendig, ein **Ghostery-Konto** anzulegen.

Datensicherheit
Have I Been Pwned

Wer herausfinden möchte, ob seine Daten im Netz gestohlen wurden, kann sich mit dem kostenlosen Online-Werkzeug „Have I Been Pwned" ein Bild verschaffen. Auf der Seite haveibeenpwned.com (sinngemäß: „Hat es mich erwischt?") findet sich eine Datenbank mit regulären Benutzerkonten, die einem Hack, also einem gezielten **Datendiebstahl**, zum Opfer gefallen sind. Jedes Mal, wenn ein solcher Angriff öffentlich wird, werden die Infos auf der Plattform gesammelt.

Sie können Ihre E-Mail-Adresse in die Suchleiste eintippen und finden dann in Sekundenschnelle heraus, ob Sie von einem Hack betroffen waren bzw. sind. Wer Glück hat, bei dem steht als Ergebnis „Good news – no pwnage found!" auf dem Bildschirm. Im weniger guten Fall steht „Oh no – pwned!" geschrieben. Trifft das zu, dann scrollen Sie weiter nach unten zum Punkt „Breaches you were pwned in". Dort wird angezeigt, bei welchem Dienstleister Ihre Daten gehackt wurden. Unter „compromised data" ist eine Auflistung darüber zu finden, welche Daten abgegriffen wurden (zum Thema Datendiebstahl siehe auch ▶ Seite 40).

Schnelle Recherche

Ein Diebstahl muss erst einmal nicht bedeuten, dass Ihre Daten im Netz kursieren, sondern nur, dass die Möglichkeit besteht – oder in der Vergangenheit bestanden hat. Jedenfalls sollten bei einmal gehackten Accounts die **Passwörter** gewechselt werden (siehe ▶ Seite 140).

Passwörter wechseln

Der Dienst bietet auch die Möglichkeit, sich benachrichtigen zu lassen, falls die eigene Mailadresse in einem Datenleck auftaucht. Hierfür können Sie sich auf der Website registrieren. Außerdem können Sie auf der Seite der Frage auf den Grund gehen, wie gut oder schlecht bestimmte Passwörter sind. Unter haveibeenpwned.com/passwords können Sie ein Passwort eingeben und bekommen eingeblendet, wie oft es bereits in Datenhacks auftaucht.

Automatische Benachrichtigung bei einem Datenleck

Datenleck
Was soll ich tun?

Zunächst einmal kann es schwierig sein, herauszufinden, ob Ihre Daten geleakt wurden – was sinngemäß bedeutet, dass sie wegen einer Panne bei einem Unternehmen durchgesickert sind und sich nun möglicherweise in falschen Händen befinden. Auf Folgendes sollten Sie jedenfalls achten:

- **Nachricht von betroffenem Dienst.** Manche Dienste benachrichtigen ihre Nutzer:innen, wenn es zu einem Datenleck gekommen ist, und fordern sie auf, ihre Passwörter zu ändern.
- **Verdächtige Aktivitäten.** Überwachen Sie Ihre Konten auf verdächtige Aktivitäten wie unbekannte Transaktionen oder Login-Versuche aus unbekannten Standorten. Wenn Sie diese bemerken, ist es ratsam, die Passwörter gleich zu ändern und den betroffenen Dienst zu informieren.
- **Vermehrte Spam-E-Mails.** Spam-Mails oder Phishing-Versuche (siehe ► Seite 116) können ein Hinweis auf ein Datenleck sein.
- **Checks auf Online-Plattformen.** Es gibt Dienste, die auf die Sammlung von Informationen über Datenlecks spezialisiert sind (siehe ► Seite 39).

Ist es zu einem Leak gekommen, sind folgende Schritte ratsam

- Finden Sie heraus, welche Daten geleakt wurden und welche Konsequenzen das haben könnte.
- Ändern Sie Ihre Passwörter (siehe ► Seite 140).
- Benachrichtigen Sie den betroffenen Dienst und fordern Sie ihn auf, das Problem zu beheben.
- Überwachen Sie Ihre Konten. Prüfen Sie Ihre Bankkonten und Kreditkartenabrechnungen auf verdächtige Aktivitäten und melden Sie verdächtige Transaktionen bei der Bank oder Kreditkartenfirma.
- Zur Sicherheit können Sie eine Kartensperre veranlassen bzw. können Sie dies via Online-Banking oder Smartphone-App oft auch gleich selbst erledigen.
- Werden Ihre Daten für kriminelle Zwecke missbraucht, sollten Sie unbedingt bei der Polizei Anzeige erstatten.

VPN-Dienste

Anonymität ist relativ

VPN steht für virtuelles privates Netzwerk. Eine VPN-Verbindung errichtet eine von der Außenwelt abgeschottete, anonymisierte Internetverbindung, auch **Tunnel** genannt. So hat man bei Verwendung öffentlicher WLAN-Hotspots eine Absicherung gegen unerwünschtes Mitprotokollieren des eigenen Datenverkehrs. Weiters wird die eigene IP-Adresse (quasi die Postadresse des Geräts im Internet) durch eine andere ersetzt, man ist also auf den ersten Blick anonym. Außerdem kann man mittels VPN-Verbindung einen anderen geografischen Standort vorgeben und so auf das Angebot ausländischer Streamingplattformen oder Mediatheken zugreifen.

Der ursprüngliche Zweck eines VPN ist ein anderer – nämlich der, vom Homeoffice aus einen abgesicherten und uneingeschränkten Zugriff auf das Firmennetzwerk zu haben oder eine Firmenfiliale mit dem Netzwerk der Zentrale zu verbinden. Die drei für den Privatbereich interessanten Nutzungsszenarien sind später dazugekommen.

Netzwerkzugriff

Wenn Sie im Browser eine Internetseite aufrufen, sich bei einem Benutzerkonto anmelden oder einen Begriff googeln, dann geht diese Anfrage direkt an den Zielserver, auf dem die Informationen liegen. Mitgeschickt werden Daten wie Standort, Betriebssystem, Browser und IP-Adresse Ihres Geräts. Ist ein VPN-Dienst aktiviert, dann wird die Anfrage an einen der Server des VPN-Anbieters geschickt, der sie an den Zielserver weiterleitet. Die dort eintreffende IP-Adresse und der Standort sind somit jene des zwischengeschalteten VPN-Servers und nicht Ihre eigenen. Der von Ihrem Gerät ausgehende **Datenfluss** wird verschlüsselt. Ein möglicher Angreifer, der sich im selben WLAN wie Sie befindet, kann zwar feststellen, dass Daten verschickt werden, aber nicht, wohin sie gehen; und er kann sie nicht entziffern. Wobei man dazusagen muss, dass dieses Problem dank der standardmäßigen Website-Verschlüsselung (https) mittlerweile in den Hintergrund getreten ist.

Funktionsweise

Schwachstellen

Dazu kommt, dass die Aussicht auf Anonymität und Datenschutz etwas trügerisch ist. Es handelt sich um keine Ende-zu-Ende-Verschlüsselung. Ohne zusätzliche Maßnahmen reicht die **Verschlüsselung** nur bis zum VPN-Server. Solche Server werden vom VPN-Dienst in der Regel vor Ort in verschiedenen, auch außereuropäischen Ländern angemietet. Von allfälligen Angreifern, die an diesem Punkt ansetzen könnten, abgesehen, könnten je nach lokaler Gesetzeslage auch Behörden auf diese Server zugreifen.

Sammeln von Nutzungsdaten

Bewusst sein muss einem weiters, dass zwar Google & Co weniger Daten geliefert bekommen, die VPN-Dienste selbst aber ebenfalls **Nutzungsdaten** sammeln und die Aktivitäten ihrer Kund:innen im Internet nachvollziehen können. Je nach Firmensitz, Datenschutzbestimmungen und Gesetzeslage ist der Umgang mit diesen Daten unterschiedlich.

Ausgetrickst

Man muss auch darauf hinweisen, dass es Möglichkeiten gibt, die Anonymisierung per VPN-Dienst auszutricksen; etwa indem ein Bestandteil einer bereits aufgerufenen Internetseite nachträglich geladen wird. So wird dann die tatsächliche IP-Adresse preisgegeben. Manche Streamingdienste nutzen solche technischen Tricks und erkennen, dass es sich um einen vorgetäuschten Standort handelt. Ein Tipp, falls eine Mediathek-App diesbezüglich Probleme macht: Löschen Sie den **App-Cache**. Dann „vergisst" die App, dass Sie bereits versucht haben, Inhalte abzurufen.

Nicht zwingend notwendig

Ein VPN-Dienst ist nicht zwingend erforderlich. Er kann infolge der Datenverschlüsselung und Standortverschleierung in öffentlichen WLANs die Sicherheit erhöhen; und er bringt einen zusätzlichen Nutzen, wenn man auf **Streaminginhalte** aus dem Ausland zugreifen möchte. Versprechen in Richtung absoluter Anonymität im Internet muss man jedoch aus technischen Gründen relativieren. Unbedingt achten sollte man auf die Datenschutzbestimmungen des VPN-Anbieters und einen wählen, der seinen Firmensitz in Europa oder noch besser im EU-Raum hat.

Facebook

Spagat zwischen Schutz und Interaktion

Die Einstellungen auf Facebook sind denkbar unübersichtlich. Dieses Kapitel ist der Versuch, den Weg des geringsten Widerstands zu gehen und dabei die größtmögliche Wirkung zu erzielen.

Klicken Sie auf Ihr Profilbild am oberen rechten Bildschirmrand, wählen Sie „Einstellungen und Privatsphäre" und „Privatsphäre-Check". Dort können Sie sich Schritt für Schritt durch die Kategorien arbeiten.

Der Privacy Check

Unter „Wer sehen kann, was du postest" können Sie festlegen, wer Ihre **Profilinformationen** sehen kann. Unsere Empfehlung lautet, bei sämtlichen Punkten (Telefonnummer, E-Mail-Adresse, Geburtsdatum, Freundesliste, Personen und Seiten, denen Sie folgen) „Nur ich" zu wählen. In der folgenden Kategorie „Beiträge und Stories" empfiehlt sich zumindest die Einstellung „Freunde". Dort haben Sie auch die Möglichkeit, die **Sichtbarkeit** früherer Beiträge einzuschränken. Im Anschluss gelangen Sie zu einer (möglichen) Liste von Personen, die Sie blockiert haben, und können weitere hinzufügen.

Sichtbarkeit persönlicher Daten

Unter dem Bereich „So können andere dich auf Facebook finden" bestimmen Sie, wer Ihnen eine Freundschaftsanfrage senden kann. „Freunde von Freunden" ist die sicherste Funktion, wobei auch nichts gegen „Alle" spricht. Man muss Anfragen von unbekannten Personen ja nicht annehmen. Auch ob Sie anhand Ihrer Telefonnummer oder E-Mail-Adresse gefunden werden möchten, können Sie wählen. Im nächsten Punkt geht es um die **Auffindbarkeit** in Suchmaschinen wie Google. Wenn Sie nicht möchten, dass Ihr Profil dort angezeigt wird, dann lassen Sie den Schieberegler auf der grauen linken Seite wie voreingestellt deaktiviert.

Auffindbarkeit einstellen

Die nächste Kategorie, „So kannst du dein Konto schützen", gibt Ihnen Auskunft darüber, ob Ihr Passwort stark genug ist, und die Möglichkeit, es

Zweistufige Authentifizierung

gegebenenfalls zu ändern. Weiter geht es mit der zweistufigen Authentifizierung, die wir grundsätzlich empfehlen (siehe ▶ Seite 142). Wählen
Sie „Los geht's" und folgen Sie den Anweisungen.

Warnungen aktivieren

Unter „Warnungen aktivieren" können Sie einstellen, dass Sie eine Be-
nachrichtigung erhalten, wenn sich jemand an einem unüblichen Ort bei
Ihrem Konto anmeldet. Dann bekommen Sie eine Nachricht, je nach Ein-
stellung, auf Facebook direkt oder per E-Mail. Weiter geht es mit „Deine
Daten-Einstellungen auf Facebook". Unter „Apps und Websites" werden
Anwendungen anderer Unternehmen angezeigt, die Sie kürzlich genutzt
haben und über die Sie sich mit Facebook angemeldet haben. Checken
Sie die Liste und entfernen Sie unerwünschte Apps oder Seiten.

Werbetracker einschränken

Unter der abschließenden Kategorie „Deine Werbe-Präferenzen auf
Facebook" können Sie einstellen, ob Werbetreibende Sie, wie Facebook
es formuliert, „über Ihre Profilinformationen erreichen dürfen". Wir
empfehlen, den Schieberegler **bei sämtlichen Optionen** (Beziehungs-
status, Arbeitgeber, Berufsbezeichnung, Ausbildung) auf grau, sprich
deaktiviert, zu stellen. Zum Schluss können Sie festlegen, ob Freunde
darüber informiert werden, was Sie liken und abonniert haben, sowie
Ihre Kommentare und geteilten Inhalte, Empfehlungen und Veranstal-
tungen, an denen Sie auf Facebook teilgenommen haben, sehen können
(Facebook fasst die Punkte unter dem Begriff „Social Interactions" zusammen). Wir empfehlen die Einstellung von „Nur ich".

Informationen herunterladen

Im Profilmenü unter „Einstellungen und Privatsphäre", „Einstellungen"
können Sie die auf Facebook über Sie gespeicherten Informationen
herunterladen, indem Sie auf dem entsprechenden Reiter auf „Ansehen"
klicken. Datenschützer sehen in dem Feature eher ein Ablenkungs-
manöver, das den Blick auf das in der DSGVO verankerte Grundrecht ver-
stellen soll, sämtliche Daten über die eigene Person einzufordern (siehe
▶ Seite 112).

Google

Der allwissende Riese

Viele von uns denken bei Google noch immer an eine Suchmaschine. Dabei ist dessen **Dachkonzern Alphabet Inc.** zu einem hochkomplexen, verwobenen und vielseitig engagierten Unternehmen geworden. Durch Zukäufe und eigene Forschungs- und Entwicklungslabore setzt es seinen Fuß überall dort in Technologie-Sparten, wo es kann. Für klassische Nutzer:innen sind neben dem mobilen Betriebssystem Android und der Google-Suchmaschine folgende Anwendungen im Moment von größter Bedeutung:

- der Internetbrowser Google **Chrome** (siehe ► Seite 29)
- der Routenplaner Google **Maps** (siehe ► Seite 49)
- der E-Mail-Dienst **Gmail** (siehe ► Seite 51)
- der Online-Speicher Google **Drive** (siehe ► Seiten 19, 52)
- der Google **Kalender**
- Google **Fotos** (siehe ► Seite 52)
- der Sprachassistent Google **Assistant** (siehe ► Seite 54)
- die Videoplattform **YouTube** (siehe ► Seite 55)

Manche dieser Dienste sind mittlerweile für viele unverzichtbar. Und sie alle liefern Google über Geräte und Betriebssysteme hinweg eine Fülle an Informationen. Die sammelt das Unternehmen, wodurch es sich zu einer der größten Datenkraken der Welt entwickelt hat. Sein Geld verdient es in erster Linie mit Werbung.

Unverzichtbare Tools

Google sei Dank können Firmen ihre Angebote im Internet bei genau den Menschen anzeigen lassen, für die sie mit hoher Wahrscheinlichkeit interessant sind. Was sich nach einem großen Segen anhört, ist zugleich auch ein Fluch. Denn dadurch kennt Google all seine Nutzer:innen in- und auswendig. Einige der Informationen, die der Tech-Gigant über Sie speichert, lassen sich im **Google-Konto** einsehen und teilweise verwalten. Dort

Die Erforschung der Zielgruppe

können Sie darauf Einfluss nehmen, was davon Google auch weiterhin protokollieren darf und was nicht (Details dazu siehe ▶ Seite 47).

Daten landen in der Cloud

Der Dreh- und Angelpunkt, das Google-Konto, ermöglicht Ihnen die Speicherung von bis zu **15 Gigabyte** an Daten in der Cloud, der „Wolke" im Internet. Das hört sich erst einmal nach viel an. Aber der Speicher gilt für alle Dienste, und wer etwa viele Fotos auf seinem Smartphone hat, bei dem ist der Platz mit der Zeit voll belegt – wodurch etwa für die Speicherung von E-Mail-Nachrichten nicht mehr viel übrig bleibt.

Abmelden schützt Daten

Wenn Sie über ein Google-Konto verfügen (und das ist bei Nutzung eines Android-Smartphones sehr wahrscheinlich), sind Sie üblicherweise standardmäßig in den einzelnen Programmen bzw. Apps angemeldet. Ein **Logout** ist möglich und muss manuell durchgeführt werden. Das bringt zwar gewisse Komforteinbußen bei der Bedienung mit sich, zugleich verringert sich dadurch aber der Ihrer Person zuordenbare Datenfluss in Richtung Google deutlich. Wenn Sie sich abmelden, unterbinden Sie weiters das Synchronisieren und Speichern der Daten in der Cloud.

Aktivitäten im Google-Konto überwachen

Es ist sinnvoll, hin und wieder einen Blick auf die im Google-Konto aufgezeichneten eigenen **Aktivitäten** zu werfen. So können Sie außerdem sichergehen, dass es keine unerlaubten Zugriffe vonseiten unbekannter Dritter gibt, also etwa von Geräten, die nicht Ihnen gehören. Protokolliert werden im Google-Konto weiters Verknüpfungen zu **Drittanbieter-Apps**, die auf Teile Ihrer Informationen zugreifen. Das kann etwa der Fall sein, wenn Sie eine App heruntergeladen haben, die Verabredungen zum Sport koordiniert. In diesem Fall greift diese auf Ihren Kalender zu. Oder Sie nutzen eine App mit integrierter Navigationsfunktion, die auf die Daten von Google Maps zugreift. Das ist so vorgesehen und erlaubt, solange es für Sie persönlich in Ordnung ist. Andernfalls können Sie dies jederzeit gezielt unterbinden und auf die entsprechende Funktion oder App verzichten. Details zum Thema Datenschutzeinstellungen im Google-Konto finden Sie auf ▶ Seite 47.

Datenschutz

Google-Konto verwalten

Besitzen Sie ein Android-Smartphone? Dann haben Sie vermutlich ein Google-Konto. Wenn Sie eine Gmail-Adresse verwenden oder bei You-Tube registriert sind, ebenfalls. Hier zeigen wir Ihnen, wie Sie Google diverse **Daten vorenthalten** können, und zwar quer über alle Arten von Geräten hinweg. Das bedeutet zwar gewisse Komforteinbußen bei der Nutzung von Google-Diensten (z. B. Maps, Chrome, Suche, YouTube, Assistant, Drive, Play); die sollten aber angesichts des Nutzens verkraftbar sein.

Auf Android-Smartphones und -Tablets greifen Sie über die Einstellungen auf Ihr Google-Konto zu. Auf anderen Geräten stellen die genannten Google-Apps eine Zugangsmöglichkeit dar — vorausgesetzt, Sie sind mit Ihren Kontodaten angemeldet. Alternativ bietet sich jeder Internet-browser an. Wenn Sie dort die Adresse accounts.google.com aufrufen, gelangen Sie zur Anmeldeseite.

Kontozugriff

In einem anderen Browser als Chrome landen Sie direkt auf der Start-seite der **Kontoverwaltung** im Menüpunkt „Übersicht". In allen an-deren Fällen müssen Sie dafür auf die Schaltfläche „(Mein) Google-Konto verwalten" klicken oder tippen. Googles ausgewählte Sicherheits- und Datenschutz-Tipps übergehen wir. Solche Hinweise können bei späteren Aufrufen Ihres Kontos relevant sein, nicht aber, wenn wir ohnehin die wichtigsten Punkte durchgehen.

Konto-verwaltung

Prüfen Sie unter dem Menüpunkt „Persönliche Daten", welche Infor-mationen Sie eingegeben haben und welche davon für andere Personen sichtbar sind. Die Angabe einer **Telefonnummer** sowie eventuell einer nicht zu Google gehörenden **E-Mail-Adresse** ist sinnvoll, um bei Prob-lemen mit dem Konto informiert zu werden bzw. Zugang zu erhalten, falls Sie das Passwort vergessen haben.

Sichtbar oder nicht?

Daten und
Datenschutz Unter dem Menüpunkt „Daten und Datenschutz" können Sie unter „Aktivitäten und besuchte Orte" verhindern, dass Ihre Aktivitäten im Internet und diversen Google-Apps sowie Ihre Standortdaten laufend aufgezeichnet werden. Sie können außerdem bereits vorhandene Daten löschen, können bestimmen, ob die **Werbung** (die Sie auch weiterhin angezeigt bekommen) auf Ihre Interessen abgestimmt oder allgemein gehalten sein soll, und können festlegen, ob Ihnen die Google-Suche personalisierte Suchergebnisse und Empfehlungen präsentieren soll. Auch die Fitness-App **Google Fit** lässt sich hier verwalten. Der Punkt „Informationen, die Sie mit anderen teilen können" überschneidet sich mit dem schon behandelten Menüpunkt „Persönliche Daten". Interessant sind auch die Optionen unter „Daten aus Apps und Diensten, die Sie nutzen", inklusive der Möglichkeit, Ihre bei Google gespeicherten Daten herunterzuladen und Verknüpfungen zu nicht mehr benötigten Diensten zu löschen. Solche **Verknüpfungen** kommen zustande, wenn Sie sich mit Ihrem Google-Konto anmelden, und betreffen z. B. auch Drittanbieter-Apps. Schließlich können Sie auch Ihr digitales Erbe regeln, also die Frage, was nach Ihrem Tod mit Ihren Daten geschehen soll.

Sicherheit Unter dem Menüpunkt „Sicherheit" werden die **jüngsten Aktivitäten** auf Ihrem Konto aufgezeichnet – eine sinnvolle Einrichtung, ebenso wie die Bestätigung in zwei Schritten, deren Aktivierung wir empfehlen (siehe ▶ Seite 142). Sie erhalten weiters einen Überblick über alle Geräte, auf denen Sie mit Ihrem Google-Konto angemeldet sind oder waren. Die Verbindungen zu den Drittanbieter-Apps sind eine Überschneidung mit dem Punkt „Daten und Datenschutz". So gut „Erweitertes Safe Browsing" auch klingen mag, es bedeutet einen Verlust an Anonymität, weil Sie sich mit Ihrem Konto in Chrome anmelden müssen. Wir raten zu anderen Sicherheitsvorkehrungen im Browser (siehe ▶ Seiten 27 und 37). Ebenfalls nicht empfehlen können wir die Nutzung des integrierten Passwortmanagers. Auch hier sind andere Lösungen vorzuziehen (siehe ▶ Seite 138). Die restlichen Menüpunkte sind selbsterklärend.

Google Maps
Neugierde einschränken

Die populärste Navigations-App der Welt sagt Ihnen stets, wo es lang-
geht. Das ist komfortabel, hat aber auch zur Folge, dass die Anwendung
Ihre täglichen Wege gleich mit kartographiert. Das kann mitunter gruse-
lige Ausmaße annehmen, einiges lässt sich aber einschränken.

Der **Standortverlauf**, sprich alle Orte, die Sie aufsuchen, wird von
Google standardmäßig aufgezeichnet. Sie können die Funktion deakti-
vieren, indem Sie Ihr Google-Konto aufrufen. In Google Maps etwa, indem
Sie auf den Kreis oben rechts tippen, in dem der Anfangsbuchstabe Ihres
Anmeldenamens bei Google steht (sollten Sie ein Profilfoto hochgeladen
haben, sehen Sie dieses anstelle des Buchstabens). Tippen Sie dann auf
„Einstellungen", „Google Standort-Einstellungen" und „Google-Stand-
ortverlauf" und wählen „Deaktivieren und Aktivitäten löschen".

*Standortverlauf
deaktivieren*

Stellen Sie sicher, dass Sie Ihren Standort nicht mit Ihren Kontakten oder
bestimmten Personen aus Ihrer Kontaktliste teilen (außer natürlich Sie
möchten dies bewusst tun, um etwa in einer fremden Stadt oder in einer
Menschenmenge das Wiederfinden zu vereinfachen, falls Sie einander
aus den Augen verlieren). Dies lässt sich jedenfalls im Google-Konto
unter „Einstellungen" justieren, indem Sie auf „Google-Standorteinstellungen" und dann auf „Google-Standortfreigabe" tippen. „Sie geben
Ihren Echtzeitstandort zurzeit für niemanden bei Google frei" sollte dort
im Normalfall ausgewählt sein.

*Standortfreigabe
deaktivieren*

Ebenfalls unter „Google-Standorteinstellungen" können Sie die **Stand-
ortgenauigkeit** anpassen. Grundsätzlich wird Ihr Standort relativ
präzise auch rein über das Satellitensystem GPS bestimmt. Allerdings
müssen Sie mit Abweichungen von einigen Metern und einer gewissen
Zeitverzögerung rechnen. Beim Navigieren im Auto oder zu Fuß in engen
Straßenschluchten, wo noch dazu die direkte Sicht auf die GPS-Satelliten

*Anpassung
der Standort-
genauigkeit*

oft eingeschränkt ist, kann GPS allein allerdings zu wenig sein. Geben Sie den Zugriff auf Mobilfunk- und WLAN-Netze frei, verbessert dies das Ergebnis spürbar – zum Preis der exakteren Standortweitergabe an Google selbst.

Web- und App-aktivitäten deaktivieren

Standardmäßig eingeschaltet sind indes die sogenannten „Web- & App-Aktivitäten". „Ist diese Einstellung aktiviert, werden Aktivitäten auf Websites, in Apps und in anderen Diensten von Google gespeichert", heißt es ganz allgemein in der Erklärung – mit dem Nachsatz, dass auch der **Standort** dazu zähle. Das ist auch der Grund dafür, dass das Abschalten des Standortverlaufs allein noch nicht genügt, um die Standortermittlung durch Google zu unterbinden. Unter „Meine Daten in Maps" lassen sich die „Web- & App-Aktivitäten" jedenfalls deaktivieren. Unabhängig davon können Sie in den „Einstellungen" durch Betätigen des entsprechenden Schiebereglers selbst entscheiden, ob die letzten getätigten Suchanfragen lokal auf Ihrem Handy gespeichert werden sollen oder nicht.

Maps ohne Anmeldung nutzen

Die vielleicht einfachste Lösung: Der Kartendienst von Google lässt sich auch ohne eigenes Google-Konto nutzen und Sie können ihn nutzen, ohne sich in Ihrem Google-Konto anzumelden. Dafür melden Sie sich einfach vor der Suche von Ihrem Konto ab (der letzte Punkt unter „Einstellungen").

Die besten Verkehrs-vorhersagen

Einen Vorteil haben Googles Datensammelaktivitäten auf jeden Fall, und das ist auch das einzige Argument dafür, nicht alles, was abgedreht werden kann, tatsächlich abzudrehen: Die **Routenberechnung, Stauvorhersagen** etc. sind präzise und aktuell wie bei keinem anderen Navigationsdienst, weil jede:r einzelne Nutzer:in einen Teil dazu beiträgt und Google laufend mit Daten füttert. Auch wenn man gerade selbst im Stau steht, hilft man dadurch anderen – und am nächsten Tag ist es vielleicht umgekehrt. So profitieren am Ende alle davon.

Gmail

Umsichtig nutzen

Die Standardeinstellungen von Googles E-Mail-Dienst Gmail bieten den erwartbaren Stand an Sicherheit, Verschlüsselung inklusive. Nicht ganz klar ist, was Google selbst mit den Daten anstellt. Ein **Algorithmus** prüft Inhalte der E-Mails. Wobei Google festhält, dass dies nicht mehr wie früher dazu diene, dem:der Nutzer:in passgenaue Werbung anzuzeigen, sondern dem Erkennen von Spam und Schadsoftware.

Der **Spamschutz** von Google funktioniert recht effektiv. Sollte es doch eine Spam-Nachricht in Ihren Posteingang schaffen, dann lassen Sie sich diese anzeigen (keinesfalls einen Link in der Nachricht oder einen Download anklicken!), klicken auf das Dreipunktmenü und auf „Spam melden".

Unerkannten Spam entfernen

Um sicherzustellen, dass keine andere Person Zugriff auf Ihre E-Mails hat, klicken Sie in Ihrem Gmail-Account oben rechts auf „Einstellungen", „Alle Einstellungen aufrufen" und überprüfen den Abschnitt „Folgenden Nutzern Zugriff auf mein Konto geben". Im Normalfall ist in der Kategorie niemand angeführt. Gehen Sie weiter zu „E-Mails per POP3 aus anderen Konten abrufen" und vergewissern Sie sich, dass allfällige weitere angeführte E-Mail-Adressen ebenfalls Ihnen gehören.

Zugriffe auf Gmail checken

Es gibt die Möglichkeit, E-Mails vertraulich zu versenden. Diese können weder kopiert, gedruckt noch heruntergeladen werden, Anhänge ebenso wenig. (Wobei man aber immer noch einen Screenshot machen kann.)

Mails im Modus „Vertraulich" senden

Google versucht anhand bestimmter Kriterien festzustellen, ob eingehende Nachrichten tatsächlich von der als Absender angegebenen Person stammen. Andernfalls wird neben dem Absendernamen ein **Fragezeichen** eingeblendet. In diesem Fall sollten Sie die Nachricht potenziell als Spam betrachten und Vorsicht walten lassen. Ein Irrtum seitens Gmail ist freilich nicht ausgeschlossen. Weitere E-Mail-Anbieter siehe ▶ Seite 79.

Authentifiziert und nicht authentifiziert

Google Fotos

Den Allrounder „sicher" nutzen

Google schreibt in seinen Datenschutzbestimmungen, dass es Inhalte von Fotos oder Videos, seien es selbst gemachte oder geteilte oder empfangene, erhebt. Doch das Unternehmen betont auch, dass es keine personalisierte Werbung aufgrund von Inhalten aus Fotos anzeigt.

Analyse in der Cloud

Jedenfalls landen Bilder und Videos bei der Verwendung eines Google-Kontos in der Cloud (Google Drive) und werden dort analysiert und dazu verwendet, die **Künstliche Intelligenz** zu trainieren. Wenn man damit kein Problem hat, dann steht einem ein fortschrittliches Werkzeug für den Umgang mit den Bildern zur Verfügung – zum Ordnen, Suchen, Bearbeiten, zum Erstellen von Videos oder zum Teilen.

Teilen: Komfort und Risiko

Fotos sind bei Google **standardmäßig privat**, können aber auf unkomplizierte Weise geteilt werden. Das funktioniert nur bei in der Cloud gesicherten Bildern und auf **drei Arten**: Entweder man teilt sie mit anderen Google-Fotos-Nutzer:innen oder über ein Partnerkonto oder über einen Link, den Google Fotos erstellt. Bei der erstgenannten Art wählen Sie das gewünschte Foto, Album oder Video in der App aus, tippen auf „Teilen", wählen unter „In Google Fotos senden" die Person(en) aus, mit denen Sie die Inhalte teilen möchten, und tippen auf „Senden".Teilen Sie Ihre Inhalte nur mit vertrauenswürdigen Personen. Immerhin könnten diese die Bilder oder Videos auch mit weiteren Kontakten teilen.

Inhalte oder Personen entfernen

Wenn Sie im Nachhinein bestimmte Fotoalben, Fotos oder Videos aus einem Album entfernen möchten, dann öffnen Sie dieses, suchen den gewünschten Inhalt, klicken auf das Dreipunktmenü rechts oben und auf „Entfernen". Wenn Sie einen Kontakt aus einem Album entfernen möchten, dann öffnen Sie das Album, klicken auf „Mehr", das Dreipunktsymbol und „Optionen", scrollen zu der gewünschten Person und klicken erneut auf das Dreipunktmenü und auf „Person entfernen".

Zudem bietet Google Fotos eine **Galerie-Funktion** für Ihr Smartphone. In der Standardeinstellung schlägt Ihnen die Anwendung Bilder und automatisch zusammengeschnittene Videos zur Ansicht vor oder – je nach Einstellung – blendet sie ein. Auch hier gilt: Nicht alles sollte von anderen Personen gesehen werden. Das kann auch der Fall sein, wenn eine Galerie am Handy erscheint und zufällig jemand neben einem steht oder hinter einem im Bus sitzt.

Galerie-Funktion

Falls man nicht möchte, dass bestimmte Bilder auf dem Smartphone erscheinen, gibt es die Möglichkeit, sie in einen **gesperrten Ordner** zu verschieben. Dieser wird folgendermaßen eingerichtet: Tippen Sie auf „Fotogalerie", „Verwalten" und „Gesperrter Ordner"; auf „Gesperrten Ordner einrichten". Falls der Ordner leer ist, wird „Noch nichts vorhanden" angezeigt. Um den gesperrten Ordner verwenden zu können, müssen Sie auf Ihrem Smartphone eine Displaysperre einrichten.

Gesperrten Ordner einrichten

Wählen Sie den Inhalt aus, der in den gesperrten Ordner verschoben werden soll, tippen Sie rechts oben auf das Dreipunktmenü und auf „In den gesperrten Ordner verschieben", dann tippen Sie erneut auf „Verschieben". Auch die Cloud-Sicherung von Inhalten, die in diesen Ordner verschoben worden sind, wird gelöscht.

Inhalte in den gesperrten Ordner verschieben

Ein umstrittenes, wenngleich nützliches Tool von Google Fotos ist die **Gesichtserkennungsfunktion**. Damit erkennt die App Personen und sogar bestimmte Tiere automatisch und gruppiert sie entsprechend. In Österreich ist sie aufgrund datenschutzrechtlicher Bestimmungen nicht erlaubt, daher bietet Google sie nicht an. Allerdings möchten einzelne Personen die Funktion trotzdem nutzen. Das funktioniert über eine VPN-Verbindung (siehe ► Seite 41), in der als Standort ein anderes Land, etwa die USA, ausgewählt wird.

Gesichtserkennung: hierzulande verboten

Google Assistant
Der Sprachassistent hört mit

Der Google Assistant ermöglicht die **Smartphone-Bedienung** über Sprachbefehle. Ein einfaches „Okay, Google" (= das „Hotword") reicht, um das System zu aktivieren. Zur Nutzung muss man die Verarbeitung vieler persönlicher Daten erlauben. Jede Interaktion wird gespeichert. Außerdem muss Google ununterbrochen zuhören. Wobei laut Google erst dann ein Datentransfer stattfindet, wenn das System über das Hotword aktiviert wird.

Aktivitäten löschen

Google hinterlegt Aktivitäten und Sprachsuchen als Audiodateien und Text im Netz. Öffnen Sie den Assistant und tippen Sie auf das runde Profilsymbol rechts oben. Scrollen Sie nach unten zum Vorhängeschloss-Symbol und tippen Sie rechts auf „Meine Daten bei Assistant" und „Assistant-Aktivitäten". Ganz oben können Sie einstellen, dass alle Aktivitäten automatisch gelöscht werden. Möchten Sie einzelne **Einträge löschen**, dann scrollen Sie weiter nach unten, tippen bei der gewünschten Aktivität auf das Schließen-Symbol am rechten Rand und auf „Löschen".

Audiodateien löschen

Ebenfalls unter „Meine Daten bei Assistant" finden Sie den Punkt „Audio-aufnahmen", den Sie direkt dort **deaktivieren** können. Dann speichert Google keine Audioaufnahmen mehr. Einzelne Audioaufnahmen heraus-zulöschen, ist unter dem Punkt „Audiodateien anhören oder löschen" auf demselben Weg wie beim Aktivitätenlöschen möglich.

Beim KI-Training helfen?

Wenn Sie die Speicherung der Audioaufnahmen erlauben, werden Sie gefragt, ob Sie zur Verbesserung der Services beitragen möchten. Das heißt, dass Google Ihre Sprachaufzeichnungen dazu verwendet, den Assistenten noch besser zu trainieren, Aussprachen und Sprechweisen zu verstehen. Aus Datenschutzsicht ist davon eher abzuraten.

Ungewollte Aktivierung

Manchmal aktiviert sich der Assistent unbeabsichtigt. Wenn Sie das bemerken, sagen Sie: „Hey Google, du warst nicht gemeint".

YouTube
Die wichtigsten Einstellungen

Die Aktivitäten auf YouTube, also welche Videoclips Sie sich ansehen, kann Google Ihrem Google-Konto und Ihrem Endgerät (Smartphone, Tablet, Laptop) eindeutig zuordnen. Dagegen ist nicht viel zu machen. Selbst wenn Sie YouTube ohne Google-Konto nutzen oder sich vom Konto vorher abmelden, haben wir keine gesicherte Information darüber, dass Google Ihre Aktivitäten nicht speichert. Da YouTube zu Google gehört, laufen alle Daten vom Videokanal auf dem **Google-Konto** zusammen Andere Einstellungen hinsichtlich Sicherheit und Datenschutz lassen sich jedoch vornehmen.

Haben Sie ein Google-Konto, dann verfügen Sie automatisch auch über ein YouTube-Konto – selbst wenn Sie es nicht benötigen, weil Sie You-Tube rein passiv nutzen und selbst keine Videos auf die Plattform stellen. Sind Sie angemeldet, dann können Sie in der YouTube-App wie auch im Browser oben rechts über den Kreis mit dem Buchstaben (oder Ihrem Profilbild) in die Einstellungen gelangen und dort weiter in den Unterpunkt „Datenschutz". Stellen Sie sicher, dass die Schieberegler von „Alle gespeicherten Playlists als privat markieren" und „Alle meine Abos als privat markieren" aktiviert, also auf **blau** gestellt sind.

Geteilte Informationen verwalten

Um den Video-Suchverlauf zu pausieren und den Video-Wiedergabever-lauf zu deaktivieren, müssen Sie direkt in Ihrem Google-Konto den Punkt „Meine Google-Aktivitäten" aufsuchen. Hier können Sie auf „YouTube-Verlauf" klicken und diesen deaktivieren. Wenn Sie diesen Modus deak-tivieren, dann wird Ihnen YouTube nicht mehr die von Ihnen angesehenen Videos und Suchanfragen anzeigen und wird Ihnen keine darauf basie-renden Empfehlungen mehr geben.

Such- und Wiedergabeverlauf deaktivieren

Darunter können Sie noch wählen, ob Sie bloß angesehene Videos oder bloß Suchanfragen speichern möchten. Einen Punkt weiter unten haben

Einzelne Videos und Suchen löschen

Sie die Möglichkeit, Ihren Verlauf zu verwalten. Dort können Sie einzelne Videos und Suchanfragen aus dem Verlauf löschen. (Infos zu allen Einstellungsmöglichkeiten in Ihrem Google-Konto finden Sie auf ▶ Seite 47.)

Wenn Sie selbst Videos einstellen

Weitere Möglichkeiten in Sachen Sicherheit haben Sie, wenn Sie selbst YouTube-Videos auf die Plattform stellen. Etwa indem Sie entscheiden, Ihre **Inhalte nicht öffentlich** zu machen, sondern nur einem von Ihnen festgelegten (privaten) Personenkreis zugänglich machen möchten. Wählen Sie dafür in der Liste am linken Bildschirmrand „Mediathek" und „Meine Videos". Dann tippen Sie neben dem Video, das Sie bearbeiten möchten, auf das Dreipunktmenü und „Bearbeiten". Tippen Sie auf „Sichtbarkeit" und wählen Sie „Privat" aus. Wenn Sie „Nicht gelistet" auswählen, dann wird es niemandem angezeigt. Dann wählen Sie „Zurück" und tippen oben auf die Schaltfläche „Speichern".

YouTube kindersicher machen

Der sichere Modus funktioniert wie ein **Jugendschutz**. Er ermöglicht es, anstößige Inhalte oder unangemessene Inhalte auszublenden. Klicken oder tippen Sie dafür wieder auf den Kreis oben rechts, wählen Sie „Eingeschränkter Modus" und aktivieren Sie ihn.

NewPipe: für erfahrene Nutzer:innen

Wer die Inhalte von YouTube am Smartphone sehen möchte, sich aber ein Stück weit weniger von Google verfolgen lassen möchte, für den ist **NewPipe** eine gute Option. NewPipe (englisch: „neue Röhre") ist eine kostenlose Android-App, die Videos von YouTube, aber auch von anderen Diensten wie SoundCloud anzeigt. Dabei blockt es die Werbung und trackt die Nutzer:innen nicht. Praktisch ist die App auch insofern, als sie das Herunterladen von Inhalten ermöglicht, wodurch sie offline angesehen werden können. Da sie von Google nicht gewünscht ist, ist sie auch nicht im Play Store zu finden. Sie können Sie im alternativen App-Store F-Droid herunterladen, was allerdings voraussetzt, dass Sie über eine gewisse Erfahrung im Umgang mit dem Smartphone verfügen.

Dynamic Pricing
Warum sich Preisvergleiche lohnen

In den 80er-Jahren haben die American Airlines damit begonnen, ihre Ticketpreise der Nachfrage anzupassen. Dieses Dynamic Pricing (dynamische Preisgestaltung) wird im Internet bis zur Perfektion betrieben.

Bekanntestes Beispiel ist **Amazon**. KONSUMENT beobachtete 2019/2020 über ein Jahr lang die Preise von 35 Produkten. Manche blieben stabil, andere wurden gesenkt, andere angehoben. Manche durchlebten einen Zickzackkurs. Außerdem ergab die Erhebung, dass Prime-Kunden oftmals mehr für Produkte bezahlen müssen als Nicht-Prime-Kunden.

Wankelmütige Preise

Ein heuchlerisches Spiel wird auch mit dem **unverbindlichen Verkaufspreis (UVP)** getrieben. Dieser ist mitunter wesentlich höher angesetzt als der tatsächliche Verkaufspreis. Dann wird der UVP verkaufswirksam durchgestrichen und daneben mit dem Hinweis „Sie sparen 70 %" versehen. Dass es sich beim UVP um den Preis handelt, der marktüblich verlangt wird, darf bezweifelt werden.

Fantasie-UVPs

Es lohnt sich also, beim Kauf im Netz die Augen in Sachen Preisgestaltung offen zu halten. Folgende Kniffe können helfen:

Preise nachverfolgen und vergleichen

- Hohe Rabatte hinterfragen. Sie beziehen sich oft auf einen UVP, der nicht (mehr) gilt.
- Einen Blick auf Vergleichsportale wie geizhals.at werfen.
- Ein Preistracking-Tool wie CamelCamelCamel.com verwenden. Damit können Sie einen Preisalarm einstellen und werden benachrichtigt, wenn das Produkt auf den festgelegten Preis fällt.
- Setzen Sie einen Artikel zunächst auf die Wunschliste, anstatt ihn sofort zu kaufen.
- Beachten Sie auch den Beitrag „Dark Patterns" auf ▶ Seite 132.

Amazon

Sicher einkaufen

Ein Einkauf beim weltgrößten Onlinehändler ist in der Regel sicher, sofern man bestimmte Vorsichtsmaßnahmen einhält. Dazu zählen ganz allgemein:

- Richten Sie eine Zwei-Faktor-Authentifizierung ein. Unter „Mein Konto" auf „Anmelden und Sicherheit" gehen und bei „Zwei-Schritt-Verifizierung" auf „Einschalten" klicken (mehr zum Thema Zwei-Faktor-Authentifizierung siehe ▶ Seite 142).
- Geben Sie keine sensiblen Informationen preis, falls Sie dazu aufgefordert werden.
- Überprüfen Sie die Rückgabe- und Erstattungsrichtlinien. Falls es zu einer Rückgabe oder Erstattung kommt, sollten Sie die Modalitäten kennen.
- Verwenden Sie sichere Zahlungsmethoden wie PayPal, Kreditkarte oder Amazon Pay. Bei Amazon Pay werden die hinterlegten Konten erst dann belastet, wenn Amazon vom Händler eine Bestätigung erhalten hat, dass die Ware verschickt wurde.
- Checken Sie vorab, ob und in welchem Ausmaß Versandkosten anfallen.
- Werfen Sie regelmäßig einen Blick auf Ihre Konten-Abrechnungen, um unbefugte Transaktionen rechtzeitig zu bemerken.

Amazon Marketplace: kaufen von externen Händlern

Der **Marketplace** ist eine Plattform auf Amazon, auf der externe Händler (gewerbliche und private = Einzelanbieter) ihre Ware direkt an die Kund:innen verkaufen. Auch hier gelten Amazons freiwillige 30-tägige Rückgabegarantie sowie die A-bis-Z-Garantie, die eine sehr kulante Handhabe von Rücksendungen und Reklamationen vorsieht. Bei Einzelanbietern entfallen allerdings die zweijährige gesetzliche Gewährleistungsfrist und das ebenfalls gesetzlich geregelte Widerrufsrecht innerhalb von 14 Tagen ohne Angabe von Gründen. Der Bestellprozess ist identisch. Auch die Zahlung läuft über Amazon. Wichtig in diesem Zusammenhang: Überweisen Sie niemals Geld direkt an den Verkäufer. Jede Aufforderung, eine Zahlung außerhalb von Amazon zu tätigen (z. B. per Überweisung, Western Union oder Moneygram), ist ein Betrug. Artikel, die mit **„Prime"** gekennzeichnet sind, werden von Amazon geliefert, andere nicht. Der Unterschied: Bei Rückfragen oder Reklamationen ist jenes Unternehmen Ansprechpartner, das die Ware geliefert hat. Während die Kommunikation und die Abwicklung bei Amazon selbst in der Regel anstandslos klappen, kann dies bei (kleineren) Händlern, die im (Nicht-EU-)Ausland sitzen, eventuell mühsam werden.

Überprüfen sollten Sie einen Marketplace-Verkäufer vor dem Kauf im Hinblick auf die Seriosität. Checken Sie die Anzahl und Art seiner Bewertungen. Seien Sie skeptisch, wenn nur wenige Bewertungen vorliegen. Schauen Sie die Produktbilder genau an, oftmals bemerkt man gefälschte Ware. Bei Angeboten zu ungewöhnlich niedrigen Preisen ist ebenso Skepsis angesagt. Und kommunizieren Sie mit dem Händler ausschließlich über Amazon.

Seriosität überprüfen

Dass die Mehrzahl an Rezensionen auf Amazon in keiner Weise als objektiviert durchgehen, ist klar. Daher ist es ratsam, die Masse an Bewertungen zu überfliegen, um sich ein Bild zu verschaffen. Wobei Sie vorsichtig sein sollten, wenn es sich um eine Rezension der Kategorie **Vine** handelt. Amazon spricht von einem „exklusiven Club der Produkttester", in den man nur über eine Einladung aufgenommen wird. Wer drin ist, bekommt Ware kostenlos zugeschickt und verpflichtet sich zur Verfassung einer Bewertung. Im Normalfall darf man die Produkte behalten. Kein Wunder also, wenn es sich bei den Bewertungen eher um Reklame statt um verlässliche Kundeninfo handelt.

Amazon-Vine-Bewertungen

Ein weiteres Augenmerk gilt dem Preis, der sich insbesondere auf Amazon ständig ändern kann (siehe ▶ Seite 57). Hier lohnt sich oft eine längerfristige Beobachtung. Und natürlich sollten Sie sich darüber im Klaren sein, dass Sie es bei Amazon mit einem der größten Datensammler weltweit zu tun haben. Entsprechend aufschlussreich ist daher eine Anforderung der Daten gemäß DSGVO (siehe ▶ Seite 112).

Wankelmütige Preise und Datenfresserei

Amazon Alexa
Bequem, aber neugierig

Wenn man sich den intelligenten Lautsprecher Amazon Echo in die Wohnung stellt, weil man sich mit der **Spracherkennungssoftware** Alexa das Leben bequemer machen möchte, dann muss einem klar sein: Alexa, genauer gesagt Amazon, hört mit. Man muss ein Codewort aussprechen, um Alexa zu aktivieren. Damit Alexa merkt, wenn sie arbeiten muss, sind ihre Mikrofone dauerhaft aktiv. Somit werden aller Wahrscheinlichkeit nach stetig Daten an Amazons Server in die USA gesendet. Sie werden folglich in einem Staat gespeichert und verarbeitet, der keinen europäischen Datenschutzrichtlinien unterliegt.

Wettlauf um die meisten Daten

Um Alexa zu trainieren, werden Sprachmitschnitte auch von Amazon-Beschäftigten angehört. Außerdem werden sie zum Zweck passgenauer Werbung ausgewertet. Dasselbe geschieht wohl auch bei den anderen Assistenten wie Apples **Siri**, Googles **Assistant** (siehe ▶ Seite 54), Samsungs **Bixby** oder Microsofts **Cortana** – auch wenn von den Unternehmen selbst Gegenteiliges behauptet wird. Da sich am Ende jener Anbieter durchsetzen wird, der die Menschen weltweit am besten versteht (in den verschiedensten Sprachen und Dialekten) und damit die besten Antworten gibt, wollen die Systeme möglichst viel trainieren. Kein Wunder, dass sie Ihnen immer wieder nahelegen werden, Ihre Daten zur Verfügung zu stellen.

Den Datenstrom verkleinern

Anpassen lassen sich Datenschutzeinstellungen bei Alexa nur insofern, als Sie den **Informationsfluss** in die Cloud reduzieren können. Das bedeutet aber eben auch, dass sich Alexa weniger gut an Sie anpassen kann. Einstellen können Sie die Einschränkungen in der Alexa-App, indem Sie auf die Startseite gehen, den Bereich „Mehr" wählen, auf „Einstellungen" und auf „Alexa Datenschutz" gehen. Unter „Alexa Datenschutz" können Sie Ihren Sprachaufnahmen-Verlauf überprüfen. Mit dem blauen Play-Button lassen sich auch die Original-Aufnahmen abspielen. Es empfiehlt sich, die Speicherung grundsätzlich zu verbieten.

Unter dem Menüpunkt „Ihre Alexa Daten verwalten" sollten Sie sich die Möglichkeit verschaffen, Ihre Daten per Sprachbefehl zu löschen (dafür den Schieberegler „Löschen per Sprachbefehl" auf „aktiv" stellen). Dann können Sie beispielsweise am Abend sagen: „Alexa, lösche alles, was ich heute gesagt habe".

Per Sprach-befehl löschen

Noch besser ist es, wenn Sie in der Zeile darunter („Wählen Sie aus, wie lange Aufzeichnungen gespeichert werden sollen") die Option „Keine Aufzeichnungen speichern" wählen. Unter dem Menüpunkt „Helfen Sie mit Alexa zu verbessern" können Sie deaktivieren, dass Ihre Daten bei der Verbesserung behilflich sind. Der Schritt ist nicht nötig, wenn Sie bereits „Keine Aufzeichnungen speichern" gewählt haben. Außerdem können Sie unter „Alexa Datenschutz" noch die Zustimmung, Nachrichten für eine verbesserte **Transkription** (die Umwandlung des gesprochenen Wortes in geschriebenes) zu nutzen, entfernen.

Aufzeichnungen nicht speichern lassen

Eine gesicherte Information darüber, ob Alexa tatsächlich nicht mithört, wenn das Mikrofon ausgeschaltet ist, haben wir nicht. Dennoch schadet es nicht, das Mikrofon zu deaktivieren. Drücken Sie dafür auf Ihrem Lautsprecher auf das Symbol mit dem durchgestrichenen Mikrofon. Leuchtet ein roter Ring rundherum, dann ist es aus.

Das Mikrofon ausschalten

Kostenlos aktivierbare **Zusatzfunktionen** von smarten Sprachassistenten, auch Skills genannt, können mitunter als Einfallstore für Hacker fungieren. Manchmal sind sie auch mit Malware verseucht, die dazu dienen soll, nichtsahnende Nutzer:innen auszuspionieren. Daher empfiehlt es sich, neue Skills vor der Installation zu prüfen, um Antworten auf die folgenden Fragen zu finden. Ist der Anbieter seriös? Gibt es weitere Angaben zum Unternehmen? Liegt eine Datenschutzerklärung vor? Am besten suchen Sie im Internet nach Erfahrungsberichten.

Skills vor Aktivierung prüfen

Willhaben
Sicher kaufen und verkaufen

Wer ein Profil bei der Verkaufsplattform Willhaben anlegt, sollte möglichst wenig Daten von sich preisgeben. Bei den Profildaten wird zwischen **öffentlichen** und **privaten** Daten unterschieden. Geben Sie bei Ersteren nur den Vornamen ein und keinesfalls die vollständige Adresse. Bei den privaten Daten ist es sinnvoll, nur eine E-Mail-Adresse anzugeben. Von der Einrichtung eines Mietprofils (für die Suche nach Mietimmobilien) sollten Sie absehen. Falls Sie es doch tun möchten, verzichten Sie auf die Angabe von Beschäftigungsstatus, Beruf oder Einkommen.

Den ganzen Prozess über Willhaben abwickeln

Immer wieder kommt es vor, dass Verkäufer:innen über Phishing-Attacken (siehe ▶ Seite 116) angespornt werden, persönliche Daten preiszugeben. Dabei probieren Kriminelle, Sie aus dem Willhaben-Chat herauszulocken, um abseits davon sensible Informationen abzugreifen oder Schadsoftware zu installieren. Daher sollten Sie Ihre Geschäfte immer **direkt über die Plattform** abwickeln und auch keinesfalls auf andere Kommunikationskanäle ausweichen.

Keine Transportkosten vorstrecken

Hellhörig sollten Sie auch werden, wenn Sie als Verkäufer:in nach Ihren Kontodaten gefragt werden, um eine Testüberweisung durchzuführen. Die Masche: Die Kriminellen erklären, dass die Überweisung fehlgeschlagen sei, und fordern mehr Kontoinformationen. Ihr Ziel ist, sich selbst einen Zugang zum Konto zu verschaffen. Fordern Interessent:innen Sie auf, die Transportkosten vorzustrecken, dürfen Sie dem nicht nachkommen. Es ist eine häufig angewandte Betrugsmasche, bei der am Ende das Geld weg ist und es zu keinem Verkauf kommt.

Paylivery: die sicherste Bezahlvariante

In Sachen Bezahlung sind Sie mit dem Willhaben-eigenen Zahlungssystem **Paylivery** auf der sicheren Seite. Dabei behält Willhaben das Geld so lange ein, bis die Ware beim Empfänger angekommen ist. Erst dann wird der Betrag überwiesen.

Shopping-Clubs im Netz

Eine gute Idee?

Das Prinzip von Online-Shopping-Clubs ist simpel: Kund:innen melden sich an und bekommen in der Folge regelmäßig Nachrichten über Aktionen und exklusive Angebote zugeschickt. Oft handelt es sich dabei um Mode aus dem Vorjahr, Ware vom Saisonsende, Delikatessen, Reisen, Technik oder Sportartikel, die zu wenige Abnehmer fanden. Das Kontingent ist begrenzt, ebenso wie der Zeitraum des Angebots. Zu den derzeit meistgenutzten zählen der Zalando-Ableger Lounge, Best Secret (Luxusmode), Veepee (Marken), Limango (Familie), Westwing (Möbel) und Secret Escapes (Reisen).

Die Absicht hinter dem System: Durch die Kurzfristigkeit des Angebotes lassen sich die Mitglieder zu vorschnellen Käufen verleiten. Dadurch werden oft Dinge gekauft, die gar nicht benötigt werden. Außerdem handelt es sich oft nur um **vermeintliche Schnäppchen**. Eine um 70 Prozent verbilligte Outdoorjacke ist in manchen Fällen nur darum so günstig, weil es sich beim Ausgangspreis um eine Fantasiezahl handelt.

Unüberlegte Käufe, scheinbare Schnäppchen

Was die Beschaffenheit der Ware betrifft, handelt es sich bei den Angeboten in den oben genannten Clubs um fälschungssichere Produkte. Ein Augenmerk sollten Sie jedoch auf Lieferzeiten und **Rücksendemodalitäten** legen. Bei Retouren fallen mitunter Kosten an. Auf der sicheren Seite sind Sie bei Zalando Lounge, wenn Sie aus Österreich ordern. Auch bei Best Secret ist die Retoure für 14 Tage kostenlos. Bei Limango ist die Rücksendung nur bei Marktplatz-Ware gratis. Lange Lieferzeiten ergeben sich, wenn die Shopping-Clubs die Ware beim Lieferanten erst nach Aktionsende ordern.

Augen auf bei Retouren

Fragwürdig sind indes der meist exzessive Einsatz von Cookies (siehe ▶ Seite 35) und die damit einhergehende wochenlange, lästige Einblendung von **Werbeanzeigen** genau zu jenen Produkten, die man sich im Club angesehen hat.

Maßlos viele Cookies und penetrante Werbung

Online-Shopping
Bezahlen im Internet 1

Nachstehend finden Sie die gängigsten Bezahlmöglichkeiten im Internet. Allerdings steht meist nicht jede Option überall zur Verfügung.

Vorsicht bei Vorkasse!

Seien Sie wachsam, wenn Privatpersonen oder Händler, mit denen Sie zuvor noch nie zu tun hatten, auf Vorkasse bestehen, also eine Vorab-Überweisung verlangen. Vor allem Geldtransferdienste wie MoneyGram oder Western Union werden häufig für **Internetbetrug** (siehe ▶ Seite 116) missbraucht, indem die Kriminellen eine falsche Identität vorgaukeln. Am Ende ist das Geld weg und Ware gibt es auch keine. Diese Gefahr besteht auch bei Vorkasse per Banküberweisung. Zwar können Sie Ihr Bankinstitut kontaktieren, um die Zahlung zu stoppen, doch ist das Zeitfenster sehr klein.

Kredit- und Debitkarten

Kreditkarten sind die beliebteste Online-Zahlungsart. Bei Betrug oder Missbrauch stehen dank Käuferschutz die Chancen gut, das Geld zurückzubekommen. Auch ist für Händler mit Sitz im EU-Raum das **3D-Secure-Verfahren** verpflichtend, eine Form der Zwei-Faktor-Authentifizierung (siehe ▶ Seite 142). Relativ neu sind die **onlinetauglichen Debitkarten** in der Nachfolge der Bankomatkarten. Anders als bei Kreditkarten, wo einmal im Monat das Girokonto belastet wird, erfolgt bei Debitkarten die Abbuchung unmittelbar beim Kauf. Vorteil gegenüber den Kreditkarten: Es erfolgt keine Speicherung, wo bzw. von wem eingekauft wurde.

Kauf auf Rechnung – Klarna

Kauf auf Rechnung ist an sich die zweitbeliebteste Kaufvariante im Internet und grundsätzlich empfehlenswert, sofern sie als Option angeboten wird. Mittlerweile erfolgt die Abwicklung allerdings häufig über den zwischengeschalteten Dienstleister **Klarna**. Der Vorteil: Man muss die eigenen Zahlungsdaten nicht bei jedem Online-Shop extra angeben. Das Problem: Die Kommunikation zwischen Klarna und den Händlern funktioniert nicht immer reibungslos. Es gibt mittlerweile tausende Beschwerdefälle, weil trotz Stornierung der Bestellung oder rechtzeitiger Warenrücksendung Rechnungen und in der Folge Mahnungen ausgeschickt wurden. Die Fälle lassen sich zwar klären, dies ist aber mit unnötigem Zeitaufwand und Ärger verbunden. Mehr zu Klarna siehe ▶ Seite 69.

▶ Seite 69.

Auch SEPA-Lastschriften sind bei Online-Zahlungen durchaus beliebt. Jedermanns Sache sind sie aber nicht, die Angst vor unberechtigten Abbuchungen wiegt schwer. Es ist verständlich, dass es vielen Menschen am Grundvertrauen fehlt, einem Händler die Ermächtigung zu erteilen, einfach von ihren Konten Beträge abzubuchen. Faktum ist: Eine willkürliche Abbuchung ist eine strafbare Handlung. Wenn es doch passiert, hat man acht Wochen, um zu widersprechen und die **Zahlung rückabwickeln** zu lassen – also genügend Zeit, um in aller Ruhe zu reagieren. Aber Achtung, bei der Rückabwicklung von Lastschriften können hohe Spesen anfallen! Dann nämlich, wenn der Händler doch zum Einzug berechtigt war.

SEPA-Lastschriften

Als Alternative zur SEPA-Lastschrift, bei der man dem Händler eine Einzugsermächtigung erteilt, haben Zahlungsdienstleister in Kooperation mit den Banken Systeme für sichere Online-Überweisungen entwickelt. Es handelt sich um das österreichische System eps und das deutsche Gegenstück Giropay. Dabei wird man im Zuge des Zahlungsvorgangs zum Online-Banking der Hausbank weitergeleitet. Der Vorteil gegenüber SEPA bzw. herkömmlicher Überweisung ist, dass **keine Datenweiterleitung** an Dritte erfolgt.

eps und Giropay

Nicht bequem, aber anonym erfolgt die Bezahlung von Online-Käufen mit Paysafecash. Hier bekommt man zwecks Zahlung einen Barcode zugeschickt (per Mail oder SMS), den man auch ausdrucken kann. Dann geht man in eine **Partnerfiliale** von Paysafecash, z. B. eine Tankstelle oder Trafik. Dort wird der Barcode eingescannt und man bezahlt. Man muss zwar bei Paysafecash ein Benutzerkonto anlegen, aber Bankkontodaten müssen bei dieser Bezahlmethode zu keinem Zeitpunkt bekanntgegeben werden.

Paysafecash

Online-Shopping
Bezahlen im Internet 2

PayPal

Der US-Bezahldienst verwendet die Abrechnungswege der Banken. Konto- oder Kreditkartendaten werden nicht weitergegeben. PayPal selbst speichert die Daten – vermutlich in den USA. Um PayPal zu verwenden, benötigt man ein **Benutzerkonto**. Als zusätzliche Sicherheitsschleife gegen Betrugsversuche dient die Zwei-Faktor-Authentifizierung (siehe ▶ Seite 116). Ein Pluspunkt: das Käuferschutzprogramm, das im Betrugsfall einen Sicherheitspolster darstellt. Vorsicht! Die Funktion „Geld an einen Freund senden" wird auf Kleinanzeigenplattformen von Betrügern missbraucht. Mehr zu PayPal siehe ▶ Seite 67.

Apple Pay und Google Pay

Apple und Google haben kontaktlose Bezahlmöglichkeiten via Smartphone bzw. Smartwatch kreiert. Debit- oder Kreditkarte sind in einer **digitalen Brieftasche** („Wallet") hinterlegt, man muss die Karten selbst nicht mehr zücken. Das Bezahlen funktioniert aber auch im Online-Handel. Der Vorteil: Man erspart sich die Eingabe seiner Zahlungsdetails, die Kartennummern scheinen beim Händler nicht auf. Apple und Google beteuern, dass auch sie selbst keinerlei Daten bei sich speichern.

BlueCode

Die in Österreich ansässige Bezahl-App BlueCode kommt hauptsächlich für kontaktloses Bezahlen am Kassaterminal zum Einsatz, wird aber auch vermehrt von Online-Shops akzeptiert. BlueCode kennt lediglich eine **virtuelle Kundennummer**, die namentlich nicht zuordenbar ist. Die App erstellt für jeden Einkauf einen Barcode, der einen Bezahlvorgang am Girokonto auslöst. Voraussetzung ist, dass Ihre Hausbank BlueCode-Partner ist. Wenn nicht, muss ein SEPA-Lastschriftmandat hinterlegt werden, was Angaben wie IBAN, Name etc. für BlueCode zuordenbar macht.

Gutscheinkarten für App-Stores

Zu guter Letzt gibt es im stationären Handel Gutscheinkarten zu kaufen, etwa für Google, Microsoft oder Apple. Online genügt die Eingabe des **Gutscheincodes**.

PayPal
Mit Vorsicht genießen

Der US-amerikanische Bezahldienst PayPal ist weit verbreitet und bietet eine einfache und sichere Möglichkeit, Geld zu senden oder zu empfangen. Der Vorteil ist, dass man die Daten von Kreditkarte und/oder Girokonto nur bei PayPal hinterlegt und sie bei den Bezahlvorgängen nicht an die einzelnen Händler weitergegeben werden. Keine Absicherung im Sinne einer Garantie, aber doch ein Sicherheitsnetz stellt PayPals **Käuferschutzprogramm** dar, das man aktivieren kann, falls es zu Differenzen mit einem Händler kommt. Wie viele andere Zahlungssysteme ist auch PayPal nicht immun gegen Betrugsversuche. So gesehen haben die Bekanntheit und weite Verbreitung des Bezahldienstes natürlich ihre Nachteile.

PayPal-Scam ist ein Beispiel für eine gängige Betrugsmasche. Sehr oft geht es um Phishing, also **Datendiebstahl**. Dabei führen Links in gefälschten E-Mails oder Textnachrichten auf eine gleichfalls gefälschte PayPal-Seite, auf der man aufgefordert wird, persönliche Daten einzugeben. Oder man soll dazu gebracht werden, ein Programm bzw. eine App zu installieren, wodurch das Gerät mit Schadsoftware infiziert wird. Im schlimmsten Fall startet der Download von Schadsoftware auf einer solchen Fake-Seite von allein. (Mehr zum Thema Internetbetrug siehe ▶ Seite 116.)

PayPal-Scam

Einige auf PayPal tätige Kriminelle erstellen gefälschte Konten, geben sich als Wohltätigkeitsorganisationen aus und bitten um Spenden. Daher ist es ratsam, sich vorab über die Seriosität der Organisation zu informieren.

Fake-Wohltätigkeitsorganisationen

Generell sollten Sie in allen Situationen hellhörig werden, in denen Sie an der Rechtmäßigkeit der Transaktion zweifeln. Sollten Sie den Verdacht haben, Opfer eines Betrugs geworden zu sein, sichern Sie Ihr Konto gleich ab. Ändern Sie Ihr Passwort und aktualisieren Sie Ihre Sicherheitsfragen.

Bei Betrug Konto sofort absichern

Benachrichtigen Sie PayPal sofort, wenn Sie Geld verloren haben. Mitunter wird der Betrag erstattet.

Betrügereien melden

Melden Sie den Betrug im **Center für Konfliktlösungen** auf der PayPal-Webseite. Wenn Sie den Betrug auch bei der Polizei melden, dann helfen Sie eventuell, weitere Machenschaften derselben Täter zu verhindern. Für Betrugsmeldungen hat PayPal ein Standardverfahren eingerichtet. Phishing-E-Mails sollten an phishing@paypal.com weitergeleitet werden. Vermuten Sie betrügerische Aktivitäten, dann verwenden Sie die Funktion „Problem melden" im PayPal-Center für Konfliktlösungen.

Es nicht soweit kommen lassen

Mit einigen **Vorsichtsmaßnahmen** können Sie vermeiden, Opfer eines Betruges über PayPal zu werden.

- Überprüfen Sie die Echtheit jeder E-Mail und Transaktion, bevor Sie persönliche oder finanzielle Informationen weitergeben.
- Achten Sie auf Rechtschreibfehler. Ungewöhnliche Domains in der E-Mail-Adresse wie .vip, .win oder .gdn sind Anzeichen für betrügerische Aktivitäten.
- Seien Sie skeptisch bei Dingen, die zu gut klingen, um wahr zu sein. Etwa wenn Ihnen jemand eine große Geldsumme anbietet.
- Klicken Sie nicht auf Links in E-Mails, die von PayPal stammen. PayPal sendet E-Mails nur für Zahlungsbenachrichtigungen, Belege und Werbezwecke. Alle anderen Mitteilungen sind nur direkt auf der Webseite oder in der App zu lesen. In echten PayPal-Mails werden Sie mit Ihrem Namen angesprochen und der Absender lautet paypal@mail.paypal.com oder service@paypal.com. Die Mailadresse paypal.me ist ebenfalls seriös. Sie können sie personalisieren und verwenden, um einen Link zu Ihrem PayPal-Konto zu teilen und so Geld schneller zu empfangen.
- Die Funktion „Geld an einen Freund senden" wird auf Kleinanzeigenplattformen von Betrügern missbraucht. Verwenden Sie diese Funktion niemals zum Bezahlen, wenn Sie Ihr Gegenüber nicht persönlich und lange genug kennen.

Klarna
Zurückhaltung ist angesagt

Die Idee klingt gut: Ein automatisierter, digitalisierter Zahlungsverkehr soll den Online-Einkauf sowohl für die Kund:innen als auch für die Händler vereinfachen und kostengünstiger machen. Klarna wickelt als zwischengeschalteter **Zahlungsdienstleister** den Kauf ab. An den Händler überwiesen wird erst nach Erhalt der Ware. Die Kund:innen haben in der Regel einen Monat Zeit, um zu bezahlen. Das Start-up wächst rasant. Nur hat sich herausgestellt, dass es nicht funktioniert. Tausende verärgerte Kund:innen berichten von Problemen verschiedenster Natur.

Das Europäische Verbraucherzentrum (EVZ) Österreich, angesiedelt beim Verein für Konsumenteninformation (VKI), hat diverse Fälle zusammengetragen. Typisch ist etwa, dass Klarna Geld einfordert, obwohl man die Ware zurückgeschickt hat, rechtmäßig vom Kauf zurückgetreten ist oder auch die Ware nie erhalten hat. Ein anderes Beispiel sind Flugbuchungen: Annullierte Flüge, die nicht zu bezahlen sind, mahnt Klarna trotzdem über ein **Inkassobüro** ein.

Rechtswidrige Forderungen

Klarna bietet bei Käufen eine Zahlung per Sofortüberweisung, auf Rechnung oder in Raten an. Im Fall einer Ratenzahlung prüft der Dienstleister die Bonität der Kund:innen und kassiert bis zu 15 Prozent Zinsen im Jahr.

Kauf jetzt, zahl später: lieber nicht!

Richtet man inhaltliche Beschwerden an Klarna, dann antwortet das Unternehmen kaum oder gar nicht. Wenn doch, wird man an den Händler verwiesen. Sitzt dieser dann etwa in China, erntet man oftmals auch von dieser Seite Schweigen. Die Geschäftsbedingungen von Klarna sind schwer verständlich, die Höhe der Mahngebühren überhaupt nicht zu finden. Angesichts dessen müssten wir eigentlich davon abraten, Klarna zu verwenden. Die Frage ist, ob und welche anderen (sinnvollen und sicheren) Zahlungsoptionen der jeweilige Händler anbietet, auf die man ausweichen kann (siehe ▶ Seite 64ff).

Schwacher Service

- **Keine Schulden, keine Zahlung.** Zahlen Sie nicht, wenn Sie sicher sind, nichts zu schulden.
- **Benachrichtigung der Beteiligten.** Informieren Sie alle Beteiligten (Firma, Klarna, Inkassobüro) per Mail über Ihren Widerspruch.
- **Ungerechtfertigte Forderung.** Wenn eine Forderung zu Unrecht erhoben wird, machen Sie dem Inkassobüro klar, dass Mahnungen zwecklos sind und Sie Mahnspesen nicht ersetzen.
- **Rücksendekosten.** Wenn Sie über die Rücksendekosten nicht informiert wurden, fordern Sie ein Retourlabel an, damit Sie die Ware kostenlos zurückschicken können.
- **Rücksendung.** Bewahren Sie immer den Rücksendeschein auf. Im Idealfall haben Sie eine Trackingnummer und können belegen, dass die Ware bei der Firma angekommen ist.
- **Unterstützung bei Problemlösung.** Sollten sich die Probleme nicht lösen lassen, dann erhalten Sie beim Europäischen Verbraucherzentrum (EVZ) Österreich Unterstützung.

Die Arbeiterkammer hat Klauseln und Geschäftspraktiken von Klarna eingeklagt. Im Mai 2023 gab das Handelsgericht Wien der Arbeiterkammer in folgenden Punkten recht:

- **Geschäftsbedingungen.** In den Allgemeinen Geschäftsbedingungen sind die rechtswidrigen Klauseln auf vielen Unterseiten der Klarna-Website unter verschiedenen Überschriften verlinkt. Das ist intransparent.
- **Zahlungstermine.** In den Klauseln gab es verschiedene Fälligkeiten bei den Zahlungen – ab Rechnungsdatum, ab Versand oder nach Erhalt der Ware. Das ist undurchschaubar.
- **Beschwerden.** Beschwerden und Probleme sollten Konsument:innen nur auf der Klarna-Website, in der Klarna-App oder beim Kund:innenservice angeben dürfen. Diese Bestimmung verstößt gegen das Konsumentenschutzgesetz. Eine E-Mail reicht.
- **Mahngebühren.** Klarna legte in einer Tabelle fest, dass die pauschal ansteigenden Mahngebühren immer gezahlt werden müssen. Zu zahlen also, unabhängig davon, ob die Konsument:innen schuld an der verspäteten Zahlung sind oder nicht. Die Klausel ist unzulässig.

Online-Shopping
Rücktrittsrecht

Gesetzliche Regelungen geben Sicherheit, etwa beim Online-Shopping. Das Rücktritts- oder Widerrufsrecht ist EU-weit harmonisiert worden. Konkret geht es um den **Fernabsatz**. Der Begriff umfasst alles, was man außerhalb von Geschäftsräumlichkeiten oder Verkaufsständen kauft, also z. B. online oder telefonisch bestellt oder an der Wohnungstür erwirbt.

Das Rücktrittsrecht gilt u. a. in folgenden Fällen **nicht**: bei Dienstleistungen, sofern man während der Bestellung ausdrücklich auf das Rücktrittsrecht verzichtet hat; bei Waren oder Dienstleistungen, deren Preis von Schwankungen am Finanzmarkt abhängt; bei nach Kundenwunsch zugeschnittener oder angepasster Ware; bei verderblichen Waren oder jenen mit baldigem Verfallsdatum; bei Waren mit geöffnetem Hygienesiegel; bei CDs und DVDs, deren Verpackungsversiegelung entfernt wurde; bei digitalen Inhalten (Download, Streaming), wenn man zustimmt, durch den sofortigen Leistungsbeginn auf das Rücktrittsrecht zu verzichten; bei Zeitschriften und Zeitungen, sofern keine Abo-Bestellung; bei touristischer Beherbergung; bei Beförderung von Waren, Mietwagenbuchungen, Lieferung von Speisen und Getränken; bei termingebundenen Eintrittskarten für Freizeitbetätigungen; bei dringenden Reparatur- oder Instandhaltungsarbeiten, wenn man den Dienstleister selbst bestellt hat; bei öffentlichen Versteigerungen; bei Flug-, Fernbus- oder Zugtickets.

Ausnahmen

Solange die Ware nicht geliefert wurde, können Sie formlos und ohne Begründung vom Vertrag zurücktreten. Eine **E-Mail genügt**. Möchten Sie auf Nummer sicher gehen, schicken Sie eine E-Mail mit Lesebestätigung oder noch besser einen eingeschriebenen Brief. War die Ware schon auf dem Postweg, müssen Sie diese zurücksenden – auf eigene Kosten, außer das Unternehmen hat vorab klargestellt, dass es eventuelle Rücksendekosten trägt.

Rücktritt vor der Lieferung

Rücktritt nach der Lieferung

Sie können **innerhalb von 14 Kalendertagen ab Lieferung** vom Kauf zurücktreten. Empfangene Waren müssen Sie zurückschicken, außer das Unternehmen verzichtet ausdrücklich darauf. Für die Rücksendung müssen Sie nicht die Originalverpackung benutzen. Meist liegt ein Widerrufsformular bei, das Sie beim Zurückschicken der Ware ausgefüllt mitsenden. Allerdings ist die sicherere Alternative auch hier eine E-Mail mit Lesebestätigung oder besser ein eingeschriebener Brief. Wichtig für den Beginn der Frist ist nämlich nicht das Absendedatum des Retourpaketes, sondern dass Sie rechtzeitig innerhalb der 14 Tage ab Lieferung Ihre Rücktrittserklärung an das Unternehmen abgeschickt haben.

Verpflichtende Information

Anbieter müssen schon beim Bestellvorgang über **Rücksendekosten** informieren, z. B. mit Verweis auf eine Infoseite des Webshops. Wird gar nicht über die Rücksendekosten aufgeklärt oder verpflichtet sich das Unternehmen in den AGB oder in der Widerrufsbelehrung dazu, das Rückporto selbst zu tragen, so muss das Unternehmen immer die anfallenden Rücksendekosten tragen und darf diese nicht auf die Kund:innen abwälzen. Das Gesetz verpflichtet Anbieter auch dazu, ihre Kunden:innen über das **Recht auf Rücktritt** vom Vertrag zu belehren. Wurde diese Pflicht missachtet, hat das zur Folge, dass sich die Rücktrittsfrist um zwölf Monate verlängert. Holt das Unternehmen diese Informationspflicht später nach, endet die Rücktrittsfrist, 14 Tage nachdem Sie die Information erhalten haben.

Rücktritt bei Dienstleistungen

Ähnlich wie bei Warenlieferungen können Sie auch von Dienstleistungen zurücktreten. Hier beginnt die 14-Tage-Frist mit dem Tag des Vertragsabschlusses (Bestellung).Die 14 Tage Rücktrittsrecht haben Sie auch dann, wenn die Firma mit dem Service bereits begonnen hat. Allerdings müssen Sie dann die bereits erbrachten Anteile der Leistung im Verhältnis zum Umfang der im Vertrag vorgesehenen Gesamtleistung bezahlen.

Beauty Apps
Schöne Bilder, hässliche Geschäfte

Beauty-Apps zaubern ein schöneres Äußeres in wenigen Sekunden. Dass sie oft Malware enthalten, wird gerne vergessen. Die Apps lassen sich von den Nutzer:innen häufig den Zugriff auf eine große Menge an Daten erlauben (oder versuchen dies zumindest), die für ihren Betrieb nicht notwendig wären. Die Anbieter geben häufig Daten an Dritte weiter oder sie verkaufen sie. Dabei handelt es sich um besonders sensible, **biometrische Daten**, die gemäß der Datenschutzgrundverordnung (DSGVO) unter besonderem Schutz stehen.

Datenfresser auf dem Smartphone

Die Datenschutzfirma Cybernews hat die 30 populärsten Beauty-Apps im Google Play Store untersucht. Aus dem Bericht geht hervor, dass:

Malware und Spyware

- über die Hälfte davon aus Hong Kong oder China stammen
- die App Beauty Camera (Entwickler: Phila) ohne Erlaubnis auf die Kamera zugreift und diese nutzt
- folgende Apps Malware bzw. Spyware ausschicken: BeautyPlus – Easy Photo Editor & Selfie Camera (Meitu), HD Camera Selfie Beauty Camera (iJoysoft), Beauty Makeup Selfie Camera Effects (Lyrebird Studio), Photo Editor Beauty Camera (KX Kamera Team)
- der Entwickler Lyrebird Nutzer:innen seiner Apps außerdem mitunter pornographische Inhalte zeigt, ihre Bilder sammelt und die Daten zu Phishing-Seiten weiterleitet
- die drei App-Entwickler Coocent, KX Camera Team und Dreams Room zusammengehören und mit Malware in Verbindung gebracht werden

Fazit. Von einem Gros der Apps wird abgeraten. Sind sie kostenlos, dann ist die Wahrscheinlichkeit hoch, dass die Entwickler ihr Geld mit der Weitergabe von sensiblen Daten verdienen. Wenn Sie Filter verwenden möchten, dann sind jene von Snapchat, Messenger-Diensten oder Instagram das geringere Übel.

Insta und Co: die bessere Wahl

Fake News und Deepfakes

Gefälschte Medieninhalte erkennen

Wir erinnern uns an den März 2023. Im Netz kursierten Bilder, wie Ex-Präsident Donald Trump mit wütendem Ausdruck im Gesicht von Polizisten in den Arrest geschleift wurde. Etwa zur selben Zeit, der chinesische Präsident Xi Jinping besuchte gerade Wladimir Putin in Moskau, tauchten ebenso fragwürdige Fotos auf. Auf diesen kniete Putin vor seinem Amtskollegen in unterwürfiger Pose. Bei beiden Fotos handelte es sich um täuschend echte Fälschungen, gemacht von Künstlicher Intelligenz (KI). Mit Deepfakes (ein Kofferwort aus den Begriffen Deep Learning und Fake) sind nicht nur realistisch wirkende Bilder gemeint, sondern auch Tonaufnahmen und ganze Videos. In den meisten Fällen werden Gesichter in Bilder hineinkopiert (Face Swapping). Oftmals werden derlei Bilder in Zusammenhang mit Fake News verwendet, falschen Nachrichten also, früher Zeitungsenten genannt.

Merkmale von gefälschten Bildern und Videos

Wenn Ihnen ein Bild oder Video zugeschickt wird, in dem eine Ihnen bekannte Person in einer fragwürdigen Situation gezeigt wird, dürfen Sie getrost an der Echtheit des Medieninhaltes zweifeln. Ein gut gemachter Deepfake ist schwer zu erkennen. Doch es gibt auch zahlreiche schlecht gemachte. Folgende **Merkmale** können darauf hinweisen, dass es sich um einen manipulierten Inhalt handelt:

- eine unnatürliche Mimik, eine Frisur, die nicht zum Rest passt, oder unlogische Schatten
- unscharfe Übergänge zwischen Gesicht und Hals bzw. Haaren oder unterschiedliche Qualitäten von Gesicht und dem Rest des Bildes
- Blinzeln Personen in einem Video nicht, könnte es ein Deepfake sein.

Programme kommen Deepfakes auf die Schliche

Im Internet gibt es **Tools**, die Medieninhalte auf einen möglichen Deepfake hin untersuchen. Zu den bewährtesten zählt der **Deepware Scanner** (scanner.deepware.ai).

Zweifeln Sie an der Echtheit einer Meldung, an Fotos und Videos generell, dann gibt es Seiten, die einen Überblick über aktuelle Falschmeldungen bieten:

Faktencheck-Seiten helfen bei Enttarnung von Fake News

- AFP-Faktencheck: faktencheck.afp.com
- APA-Faktencheck: apa.at/faktencheck/ueberblick
- ARD-Faktenfinder: tagesschau.de/faktenfinder
- BR24 Faktenfuchs: br.de/nachrichten, Klick auf #Faktenfuchs
- Cochrane Österreich: medizin-transparent.at
- Correctiv: correctiv.org/faktencheck
- Dpa-Faktencheck: dpa.com/de/faktencheck
- Factsforfriends: factsforfriends.de
- Fullfact (GB): fullfact.org
- Mimikama: mimikama.at
- Snopes (USA): snopes.com
- SWR-Faktencheck: swr3.de/aktuell/fake-news-check

Was Sie in diesem Zusammenhang sonst noch tun und bedenken sollten:

- Informieren Sie sich auf altbewährten Kanälen, etwa den Online-Ablegern von etablierten Medien.
- Checken Sie, ob die Meldung auch in anderen, traditionellen Medien auftaucht.
- Seien Sie skeptisch bei effekthascherischen, emotionsgeladenen oder hasserfüllten Skandalmeldungen auf sozialen Medien.
- Eine seriöse Internetseite hat ein Impressum. Auch in der Nachricht selbst wird im seriösen Journalismus eine Quelle zitiert.
- Das Extremereignis ist die Stunde der Falschmeldung.

Gefälschte Bilder lassen sich auch mit dem Tool der **umgekehrten Bildersuche** enttarnen. Damit wird der Ursprung eines Bildes ermittelt und mehr Info über ein Bild herausgefunden. Bewährt hat sich hierfür die Bildersuche von Google (image.google.de). Dabei wird das zu untersuchende Bild in die Suchleiste gezogen, damit automatisch hochgeladen. Alternativ können Sie auf das Kamerasymbol neben der Suchleiste klicken und das Bild hochladen. Ein vergleichbares Werkzeug bieten Bing (unter bing.com) und Tin Eye (tineye.com).

Die Herkunft eines Bildes herausfinden

Spotify
Sichere Nutzung

Spotify ist der beliebteste Abo-Dienst für Musik-Streaming. Wegen seiner Verbreitung haben ihn aber auch Kriminelle entdeckt, die versuchen, Kontrolle über die Konten zu erlangen. Sie selbst erkennen an folgenden **Anzeichen**, dass Ihr Konto möglicherweise gehackt worden ist:

- das Passwort funktioniert nicht
- die Mail-Adresse hat sich geändert
- bei Ihren Playlists sind Titel hinzugefügt oder gelöscht worden
- unter „zuletzt gehört" tauchen Songs auf, die Sie nie gehört haben
- Musik spielt automatisch ab
- ein unbekanntes Facebook-Profil verbindet sich mit dem Konto
- Ihr Abo-Modell hat sich geändert

Sollten Sie noch Zugriff auf Ihr Konto haben, gehen Sie auf „Kontoübersicht" und auf „überall abmelden". Dann ändern Sie Ihr Passwort (unter „Passwort zurücksetzen"). Falls Sie nicht mehr auf Ihr Konto zugreifen können, dann öffnen Sie das **Spotify-Kontaktformular**, gehen auf „Anmeldung" und wählen „eine andere Person hat mein Konto übernommen".

Um zu sehen, mit welchen Drittanbietern Ihr Konto verknüpft ist, rufen Sie den Bereich „Apps" auf. Wählen Sie dort für alle mit Ihrem Konto verknüpfen Apps „Zugriff entfernen" aus. Wobei angemerkt werden muss, dass Spotify als Datenfresser bekannt ist. Der Dienst hört über z. B. das Mikrofon mit und analysiert Stimmen und Hintergrundgeräusche.

Weitere Einstellungen können Sie unter „Profil" – „Konto" vornehmen. Unter der Option „Datenschutzeinstellungen" sollte „Meine personenbezogenen Daten für maßgeschneiderte Anzeigen verarbeiten" auf „Deaktiviert" gesetzt sein. Damit Spotify nicht auf Ihre Facebook-Daten zugreift, sollten Sie auf „Verarbeitung meiner Facebook-Daten deaktivieren" klicken.

Wikipedia
Offen, aber auch fehleranfällig

Wer im Internet nach Informationen sucht, tut dies meist auf Google oder einer vergleichbaren Suchmaschine (siehe ▶ Seite 34). Wer auf der Suche nach Details zu einem bestimmten Thema ist, wirft meist einen Blick auf Wikipedia (oder findet den Eintrag ohnehin in der Google-Trefferliste). Doch wie gesichert sind die Informationen?

Die Beiträge im digitalen Nachschlagewerk werden von einer offenen Community von Freiwilligen verfasst, die sich dem Grundsatz der Objektivierung verschrieben hat. Das soll für solide, wahrheitsgetreue Einträge sorgen. Doch in der gut 20-jährigen Geschichte von Wikipedia hat sich gezeigt, dass die Plattform nicht fehlerlos ist.

Freiwilligen-Community

Beispielsweise gab es über 14 Jahre lang einen Eintrag über das Mustelodon, doch das ausgestorbene Säugetier hat es nie gegeben. Es gab Fälle, in denen Prominente fälschlicherweise für tot erklärt wurden, oder falsche Angaben bei der Länge von Flüssen. Auch gravierendere Fehler kamen vor, etwa die Behauptung, dass im Konzentrationslager in Warschau 200.000 Polen ermordet worden seien.

Kleinere und grobe Fehlleistungen

Zudem ist auch Wikipedia nicht vor **PR-Schummeleien** gefeit. In einer Enzyklopädie, die sich stetig verändert, weil Einträge immer wieder aktualisiert werden, findet auch professionell organisierte Schleichwerbung Einzug. So hatten PR-Leute im Dienste der Bild-Zeitung kritische Passagen über das Boulevardmedium durch lobende Worte ersetzt. Ähnliches wurde dem Energiekonzern RWE nachgewiesen, ebenso Vertretern der Glücksspielindustrie und der Atomlobby. Nicht zu vergessen die Versuche, Beiträge im Sinne einer bestimmten Weltanschauung zu verfassen oder umzuschreiben. **Fazit.** Wikipedia ist eine gute Quelle zur Erstinformation, sollte aber wegen des Fehlens einer prüfenden Lexikon-Redaktion nicht die einzige bleiben.

Schleichwerbung und gekaufte Wahrheiten

Datenmüll

Entrümpeln verringert die Angriffsfläche

Auf unseren Smartphones, Computern und in den Clouds sind jede Menge teils sinnlose Bilder, Videos und andere Daten gespeichert. Sie verursachen einerseits mehr Emissionen, als wir denken. Andererseits vergrößern sie auch unsere Angriffsfläche, was unerwünschte Eingriffe in unsere Privatsphäre betrifft. **Dark Data** oder Datenmüll wird dieses zweckbefreite Archivieren von Daten genannt. Dazu gehören alte Bilder, nacheinander geschossen, die allesamt dasselbe Motiv zeigen, verwackelte Videos, die sich nie wieder jemand ansehen wird, oder E-Mails, die das Postfach verstopfen. Apps, die nie in Verwendung sind, vergessene Spiele oder doppelte Dateien – all das gehört besser ausgemistet und gelöscht.

Apps helfen beim Aufräumen

Das kann manuell gemacht werden oder mit Instrumenten, die die Aufräumarbeit erleichtern. Zum Löschen von Fotoduplikaten gibt es gute, kostenlose Apps. Sie spüren **doppelte Fotos und Videos** sowie unscharfe Bilder und Screenshots auf, die sich dann automatisch oder manuell entfernen lassen. Für Android steht die App „Duplicates Cleaner" zur Verfügung. Nach einer Suchzeit zeigt sie alle doppelten Fotos, Videos, Audio-Dateien und Dokumente auf dem Smartphone in einer Übersicht an. Durch das Setzen eines Häkchens kann man sie entfernen und sieht auch gleich in einem Balken, wieviel Speicherplatz dadurch freigegeben wurde. Für iPhone-Nutzer:innen empfiehlt sich die App „Remo DuplicatePhotosRemover".

CO_2-Einsparung ausrechnen

Tipp am Rande: Wenn Sie wissen möchten, wie viel CO_2 Sie mit den Aufräumarbeiten eingespart haben, dann können Sie dies mithilfe eines CO_2-Rechners tun, der vom deutschen Mobilfunkanbieter Vodafone kostenlos zur Verfügung gestellt wird. Geben Sie einfach in die entsprechenden Felder ein, wie viele Fotos und andere Dateien gelöscht wurden. Zu finden unter vodafone.de/featured/cleanupforgood.

E-Mail-Dienste

Sicherheit, Komfort, Funktionsumfang

Ein E-Mail-Konto ist mit wenigen Klicks erstellt: Eine mehr oder weniger große Menge an persönlichen Daten eingeben, den Nutzungsbedingungen zustimmen (meist, ohne die Textwüste tatsächlich zu lesen) und los geht's. Oft sogar, ohne dafür bezahlen zu müssen. Anbieter gibt es etliche, in der Regel sind aber nur die Großen allgemein bekannt. Einige davon stammen aus den USA, etliche andere aus Deutschland: 1&1, AOL, Freenet, GMX, Google, Mailbox.org, Mail.de, Microsoft Outlook.com, Posteo, Web.de, Yahoo.

Gerade bei Gratis-Anbietern steckt der Teufel allerdings im Detail – sprich im Kleingedruckten. Aber auch gegen Bezahlung ist man nicht automatisch auf der sicheren Seite, man erkauft sich damit oft nur Werbefreiheit und zusätzliche Funktionen, aber nicht zwingend den sparsamen Umgang der Anbieter mit den persönlichen Daten. Auf ▶ Seite 122 gehen wir auf die Problematik der Datenauswertung, des (abhängig vom Firmensitz mehr oder weniger einfachen) Datenzugriffs durch Behörden sowie der unvollständigen Verschlüsselung (eine reine Transportverschlüsselung ist bei E-Mails Standard) ein.

Teufel
im Detail

Erfreuliche **Ausnahmen** unter den genannten Diensten stellen Mailbox.org und Posteo mit ihren kostenpflichtigen Angeboten dar. Hier muss man bei der Einrichtung eines E-Mail-Kontos keine persönlichen Daten angeben, und es werden anonyme Bezahlmöglichkeiten angeboten. Posteo hat sogar eine Methode für alle verfügbaren Bezahlarten entwickelt, mit der Postfächer nicht mit Bezahldaten verknüpft werden. Allerdings sind der Funktionsumfang und der Komfort im Vergleich zu Anbietern wie Google oder Microsoft hier eingeschränkt.

Anonymität
bei Mailbox.org
und Posteo

Grundsätzlich gilt: Möchte man (nach menschlichem Ermessen) ausschließen, dass jemand auf den Inhalt der E-Mails zugreifen kann, muss

Ende-zu-Ende-
Verschlüsselung

man aktiv eine Ende-zu-Ende-Verschlüsselung einsetzen. Dann können nur Absender und Empfänger die Nachrichten öffnen, sofern beide diese Verschlüsselung verwenden. Diese Verschlüsselung geschieht entweder im E-Mail-Programm (was für Laien kompliziert ist) oder im Browser mithilfe der Erweiterung **„Mailvelope"**. Mailbox.org und Posteo unterstützen ihre Nutzer:innen jedenfalls bei der Umsetzung der Verschlüsselung.

Unterschiedliche Transportverschlüsselung

Unabhängig davon verschlüsseln alle Anbieter die Nachrichten während der Übertragung zwischen den einzelnen Servern. Diese Grundverschlüsselung hat allerdings Schwachstellen. Diese können von Angreifern ausgenutzt werden, die Nachrichten unter Angabe falscher Sicherheitszertifikate unterwegs abfangen (sogenannte Man-in-the-Middle-Attacken). Bessere Möglichkeiten, den Mail-Verkehr zu schützen und Man-in-the-Middle-Attacken zu verhindern, sind der Standard **DANE** und die Initiative **E-Mail made in Germany** (z. B. bei 1&1, Freenet, GMX, Web.de). Beide wirken ebenfalls nur während des Transports – auf den Servern liegen die Nachrichten weiterhin unverschlüsselt. Wobei DANE den klaren Vorteil hat, dass dieser Standard nicht nur von einer Handvoll deutscher Anbieter, sondern international eingesetzt wird. Allerdings ist man auch hier darauf angewiesen ist, dass der Anbieter des Gegenübers den Standard ebenfalls unterstützt.

Komfort versus Privatsphäre

Für unkritische Mails reicht die Standard-Transportverschlüsselung. Zusätzlichen Schutz bieten DANE und die Initiative E-Mail made in Germany, sofern sie von den Anbietern unterstützt werden. Sicherheitsbewusste müssen Abstriche beim Komfort machen: Sie sollten (im E-Mail-Client oder via Browser-Plug-in) eine Ende-zu-Ende-Verschlüsselung einsetzen. Diese bietet – in Kombination mit den Standards DANE oder E-Mail made in Germany – bestmögliche Sicherheit. Wer hingegen Gratis-Anbieter wie Google Gmail und Microsoft Outlook.com nutzt, opfert den Schutz seiner Privatsphäre zugunsten höheren Komforts.

Messenger und soziale Netzwerke
Allgemeines

Messenger-Dienste und die zum Teil damit verwobenen sozialen Netzwerke sind aus unserem Alltag nicht mehr wegzudenken. Sie dienen als Informations- und Unterhaltungsquelle, dem Austausch mit unserem Umfeld, dem Verschicken von Nachrichten, Bildern, Videos etc.

Anbieter gibt es zuhauf, wobei ein Unternehmen der klare Marktführer ist. Meta (früher Facebook) ist nicht nur mit dem gleichnamigen sozialen Netzwerk und dazugehörigen Messenger (siehe ► Seite 89) vertreten. Auch der in der westlichen Hemisphäre meistverbreitete Messenger-Dienst, WhatsApp, sowie Instagram (siehe ► Seite 92), ein weiteres soziales Netzwerk mit Schwerpunkt Foto- und Videoveröffentlichung, gehören zum Konzern.

Meta hat die Nase vorn

Dieser Konzern steht immer wieder in der Kritik: Er überwache die Aktivitäten der User:innen seiner Dienste nicht nur auf Facebook, Instagram & Co genau, sondern verfolge darüber hinaus auch noch ihr **Nutzungsverhalten** im Internet. Firmengründer Mark Zuckerberg investiere astronomische Summen für sein Sicherheitspersonal, aber nur ein Taschengeld für die Internet-Sicherheit seiner Netzwerke. Dabei tauchen immer wieder Daten von Facebook und anderen Meta-Diensten in Hackerforen auf.

Gewaltige Sicherheitslücken

Lächerlich wenig Personal überwacht, was auf den Netzwerken von Meta geschieht. Hassreden, kriminelle Machenschaften oder die Verbreitung von rechtsradikalem Gedankengut auf Facebook – all das lasse die Führungsriege allzu verantwortungslos gewähren, lauten von Whistleblower:innen belegte Vorwürfe. Vielmehr noch verstärkten die Algorithmen hinter den Diensten die Verbreitung extremer und emotionsgeladener Inhalte. Somit tragen sie zur **Radikalisierung** von Nutzer:innen und zum Aufschaukeln von Konflikten bei – und damit letztlich zu einer Spaltung und Polarisierung von Gesellschaften.

Algorithmen verstärken extreme Inhalte

Signal und
Telegram

Als WhatsApp 2021 ein Zwangsupdate einführte, bei dem die Nutzer:innen neue, noch datenschutzunfreundlichere Nutzungsbestimmungen akzeptieren mussten (und im EU-Raum dann doch wieder nicht), kam es zu einer Abwanderungswelle. Die meisten wanderten zu **Signal** und **Telegram** (siehe ► Seiten 85 bzw. 87). Wobei von den beiden Profiteuren Signal hinsichtlich seiner Datensicherheit klar zu empfehlen ist. Der Dienst hat sich als gute Alternative zu WhatsApp herausgestellt und bietet nicht nur bessere Sicherheitsoptionen bis hin zur Möglichkeit, die IP-Adresse zu verschleiern, sondern ist auch funktional gut aufgestellt. Der in Dubai ansässige Dienst Telegram dagegen ist nicht zu empfehlen, nicht zuletzt weil sich dort in einer Art rechtsfreiem Raum dubiose Nutzer:innen tummeln und massenhaft Verschwörungs-Gefasel verbreitet wird.

Ende-zu-Ende-
Verschlüsselung
wählen

Generell empfiehlt sich die Verwendung von Messenger-Diensten mit voreingestellter **Ende-zu-Ende-Verschlüsselung**. Dazu gehören laut einer Untersuchung der Stiftung Warentest aus dem Jahr 2022 WhatsApp, Signal, Viber, Wire, Line, Conversations, Threema sowie iMessage von Apple. Eine reine Transportverschlüsselung, wie man sie bei anderen Diensten (wie etwa dem unter der Jugend beliebten Snapchat) findet, reicht zwar im Normalfall aus, um Hacker am Mitlesen zu hindern. Auf den Servern der Anbieter landen die Daten aber unverschlüsselt, womit die Unternehmen selbst ungehindert Zugriff auf die Inhalte hätten und diese für eigene Zwecke auswerten könnten.

Sich
unsichtbar
machen

Die Verwendung eines Dienstes, bei dem Statusangaben wie „Online" oder „Gelesen" (erkennbar z. B. anhand verschiedenfarbiger Häkchen) verborgen werden können, hilft bei aufdringlichen Bekannten im Netzwerk. Bei den gängigsten Apps wie WhatsApp und Signal können Sie zumindest den Lesestatus deaktivieren – **„Lesebestätigung"** genannt. Das geht allerdings in beide Richtungen, das heißt, Sie sehen dann auch nicht mehr, ob und wann andere Personen Ihre verschickten Nachrichten gelesen haben.

WhatsApp

Privatsphäre besser schützen

Das Kommunizieren über WhatsApp ist von Ende zu Ende verschlüsselt, was grundsätzlich vor unerwünschtem Mitlesen schützt. Um die Sicherheit und den Datenschutz weiter zu erhöhen, empfehlen wir die folgenden Schritte.

Aktivieren Sie die **Zwei-Faktor-Authentifizierung** (auch: Verifizierung in zwei Schritten), indem Sie ins Status-Menü gehen, oben rechts auf die drei Punkte und auf „Einstellungen", „Konto" und „Verifizierung in zwei Schritten" tippen. Legen Sie eine PIN fest und bestätigen Sie sie. Dann geben Sie zweimal Ihre E-Mail-Adresse ein, um den Code bei Bedarf zurücksetzen zu können, und tippen auf „Speichern". Die PIN wird abgefragt, wenn man die Telefonnummer neuerlich bei WhatsApp registriert, also etwa nach einem Gerätetausch. Abfragen zwischendurch dienen der Sicherheit, aber auch als Erinnerungshilfe, damit man die PIN nicht vergisst. (Mehr zum Thema Zwei-Faktor-Authentifizierung siehe ► Seite 142.)

Zwei-Faktor-Authentifizierung

Ähnlich wie für das Smartphone können Sie für WhatsApp unter „Einstellungen" und „Datenschutz" eine **Bildschirmsperre** einrichten. Sie soll vor neugierigen Blicken schützen, weil Sie die App dann nur per Fingerabdruck, Gesichtserkennung oder PIN öffnen können. Auch einzelne Chats oder Gruppen lassen sich auf solche Weise absichern, in diesem Fall direkt im betreffenden Chat. Im selben Menü können Sie „Sicherheitsbenachrichtigungen" aktivieren. Dann erhalten Sie eine Info, falls einer Ihrer Kontakte WhatsApp neu installiert, ein neues Handy verwendet oder sonstige Änderungen an seinem WhatsApp-Konto vornimmt. Dadurch ändert sich seine von WhatsApp zugewiesene Sicherheitsnummer. Theoretisch könnten dahinter auch betrügerische Aktivitäten, etwa nach einem Handydiebstahl, stecken. Im Zweifelsfall kann man bei der betreffenden Person nachfragen.

Bildschirmsperre und Sicherheitsbenachrichtigung

Zugriffsrechte entziehen

Wie jeder Smartphone-App können Sie auch WhatsApp über die Einstellungen im Handymenü bestimmte **Zugriffsrechte** entziehen. Je nach Ihren Nutzungsgewohnheiten wird „Standort" vermutlich nicht notwendig sein, „Mikrofon" und „Kamera" möglicherweise auch nicht. Lediglich für die Registrierung bei WhatsApp notwendig sind die Berechtigungen „SMS" und „Telefon/Anrufliste". Weitere Details finden Sie ab ► Seite 147.

Infos verbergen

Gehen Sie ins Status-Menü, oben rechts auf die drei Punkte und auf „Einstellungen" und „Datenschutz". Hier können Sie festlegen, wer Infos über Sie sehen kann. Bei „Zuletzt online/online" empfehlen wir „Niemand", bei „Profilbild": „Meine Kontakte" (alternativ: „Meine Kontakte, außer"). Unter „Status" haben Sie die Wahl zwischen allen Kontakten, „Meine Kontakte außer…" und „Nur teilen mit…".

Lesebestätigungen: Ein oder Aus?

Ebenfalls unter „Datenschutz" lassen sich die **Lesebestätigungen** einstellen, sprich, ob dem Sender zwei blaue Häkchen angezeigt werden, sobald Sie die Nachricht angetippt haben. Bei deaktivierter Lesebestätigung können Ihre Kontakte auch nicht erkennen, dass Sie deren Status angesehen haben. Zugleich bekommen aber auch Sie keine Bestätigung, wenn jemand Ihre Nachrichten gelesen hat.

Nachrichten automatisch löschen

Unter „Datenschutz", „Selbstlöschende Nachrichten" können Sie die **Speicherdauer** von Nachrichten wählen. Standardmäßig ausgeschaltet, kann man Nachrichten nach 1 bis 90 Tagen löschen lassen. Einen Punkt weiter unten können Sie entscheiden, wer Sie einer Gruppe hinzufügen darf. Wenn Sie sich für „Kontakte" entscheiden, dann haben Personen, die nicht in Ihren Kontakten sind, immer noch die Möglichkeit, Ihnen eine persönliche Nachricht zu schreiben.

Personen blockieren

Wenn Sie von jemandem nicht mehr über WhatsApp kontaktiert werden möchten, können Sie die Person sperren, indem Sie auf den Chat mit ihr tippen und dann auf das Profilbild. Scrollen Sie bis zum Ende und tippen Sie auf das rote Feld „xy blockieren" oder „xy melden".

Signal

Der sicherste Messenger

Signal ist eine Messenger-App, die von Grund auf ihren Fokus auf Sicherheit und Datenschutz legt und nicht zuletzt als **empfehlenswerte Alternative** zu WhatsApp (siehe ▶ Seite 83) gilt. Signal sammelt so wenig Daten wie möglich. Entwickelt wurde sie von einer Stiftung, folglich muss sie nicht profitabel sein. Weil sie kein Geld mit Nutzungsdaten verdient, hat sie auch kein Interesse an Ihnen. Der Messenger verwendet bei all seinen Kommunikationsmöglichkeiten, bis hin zu Videochats mit mehreren Teilnehmer:innen und verschickten Dateien, standardmäßig eine gute Ende-zu-Ende-Verschlüsselung. Wegen seiner Abhörsicherheit hat sogar die EU-Kommission ihrer Belegschaft geraten, Signal zu nutzen – und das obwohl die erwähnte Signal-Stiftung in den USA beheimatet ist.

Die Nachrichtenverläufe werden nicht wie sonst bei Messengern üblich auf Servern, sondern direkt auf Ihrem Gerät gespeichert. Signal ist so gebaut, dass nicht einmal der Servicebetreiber selbst Einsicht auf die Inhalte hat, die Sie verschicken. Auch keine anderen Daten wie Standort oder Statusnachrichten werden erhoben. Nur **erforderliche Infos** wie die Kontaktdaten werden verwendet. Der einzige, letztlich vernachlässigbare Kritikpunkt, den Fachleute bei Signal finden, ist, dass für die Nutzung die Angabe der Telefonnummer erforderlich ist. Messenger wie Facebook oder Telegram (siehe ▶ Seiten 89 bzw. 87) zum Beispiel sind nicht zwingend mit Ihrer Nummer verbunden (bzw. kann man diese verbergen), haben dafür aber andere, größere Defizite.

Speicherung auf dem Gerät

Das hohe Maß an Datenschutz geht bei Signal mit einigen kleinen Nachteilen in Sachen Bequemlichkeit einher (verglichen etwa mit der komfortablen Bedienung und der Funktionsvielfalt von WhatsApp). So muss man sich um eine Wiederherstellung der Daten selbst kümmern und der Datentransfer bei einem Handywechsel ist ein wenig aufwendiger als bei Messengern, die Daten in der Cloud speichern. Die kleinen Hürden sind

Viel Sicherheit – etwas weniger Bequemlichkeit

es jedoch absolut wert, wenn dafür im Gegenzug ein derart hohes Maß an Sicherheit gewährleistet wird.

Die Signal-PIN

Sobald Sie den Messenger einrichten, müssen Sie einen **PIN-Code** festlegen. Dieser dient dazu, grundlegende Profileinstellungen zu speichern, die bei einem Smartphonewechsel übertragen werden können (keine Nachrichten). Um die PIN nicht zu vergessen, erinnert Signal Sie einmal im Monat daran, sie auf dem Bildschirm einzugeben. Wenn Sie die Einblendung stört und Sie sich auch so sicher an den Code erinnern können, dann können Sie den Modus in dem Dreipunkte-Menü auf der oberen rechten Seite unter „Einstellungen" „Datenschutz" und „PIN-Erinnerungen" deaktivieren.

Lesebestätigungen und Tipp-Indikatoren

Ebenfalls unter „Einstellungen", „Datenschutz" können Sie die Schieberegler bei „Lesebestätigungen" und „Tipp-Indikatoren" (die Punkte im Nachrichtenfenster, die darauf hinweisen, dass jemand gerade eine Nachricht schreibt) auf links stellen, um sie zu deaktivieren. Dann sieht keiner Ihrer Kontakte, ob Sie eine empfangene Nachricht bereits gelesen haben. Umgekehrt bekommen Sie selbst beim Versenden von Nachrichten diese Information in Form farbiger Häkchen aber auch nicht mehr.

Bildschirmsperre einrichten

Um Ihre Unterhaltungen vor Personen zu schützen, die möglicherweise Ihr Smartphone in die Hand bekommen, können Sie die standardmäßig nicht aktivierte **Bildschirmsperre** in der App aktivieren – unter „Einstellungen", „Datenschutz" den Schieberegler von „Bildschirmsperre" aktivieren. Das Öffnen der App geht dann nur noch mittels Fingerabdruck, Gesichtserkennung oder PIN-Eingabe.

Verschwindende Nachrichten

Im selben Menü können Sie eine Standardablaufzeit für sogenannte verschwindende Nachrichten festlegen. Dann werden Unterhaltungen nach einer bestimmten Dauer automatisch gelöscht. Die Zeitspanne können Sie selbst festlegen.

Telegram

Keine Nutzungsempfehlung

Telegram ist einer der Profiteure der Abwanderungswelle von WhatsApp im Jahr 2021 (siehe ► Seite 83), auch weil er den Ruf genoss, sicher zu sein. Wie sich herausstellte, zu Unrecht. Denn der Messenger setzt standardmäßig **nur bei Anrufen** eine Ende-zu-Ende-Verschlüsselung ein. Bei Nachrichten muss diese pro Unterhaltung erst einmal aktiviert werden, indem Sie auf das Profil des Kontakts drücken, auf das Dreipunktmenü auf der rechten Seite und auf „geheimen Chat starten" tippen. In Gruppendiskussionen, eigentlich Telegrams Steckenpferd, gibt es diese Option überhaupt nicht. Ob Sie tatsächlich von Ende zu Ende verschlüsselt chatten, können Sie überprüfen, indem Sie einen Blick neben die Telefonnummer oder den Namen Ihres Gegenübers werfen. Sehen Sie dort ein Schloss-Symbol, dann ist die Unterhaltung verschlüsselt.

Zudem greift Telegram seinen Nutzungsbestimmungen zufolge ähnlich viele Daten ab wie beispielweise WhatsApp. Mit dem Unterschied, dass bei Telegram nicht ganz klar ist, wo sich die Server befinden und wer diese betreibt. Der **Unternehmenssitz** von Telegram ist in Dubai. Bekannt ist, dass der russische Gründer Pavel Durov, der seinen eigenen Angaben nach Russland verlassen hat, nachdem er mit dem Geheimdienst in Konflikt geraten ist, nicht nur das Thema Datenschutz und Sicherheit lax handhabt, sondern auch die Nutzerregeln. Darin liegt das Hauptproblem von Telegram, nämlich, dass der Messenger zu einem Sammelbecken für Radikalismus, Kriminalität, Verschwörungsideologien und Rechtsextremismus geworden ist. Die involvierten Personen lassen in teils riesigen Gruppen ihrem Hass freien Lauf und radikalisieren andere.

Laxe Bestimmungen, laxe Regeln

Wenn Sie den Telegram-Messenger dennoch nutzen möchten, dann empfehlen wir die Einrichtung einer PIN-Code-Sperre. Gehen Sie dafür unter „Einstellungen" zu „Privatsphäre und Sicherheit", „PIN-Code & Face ID", aktivieren Sie die Sperre und geben Sie einen PIN-Code ein. Tippen

Sicherheitstipps

Sie dann auf Auto-Sperre und geben Sie den gewünschten Zeitraum ein. Ebenfalls unter „Privatsphäre und Sicherheit" sollten Sie die „Zweistufige Bestätigung" einrichten und ein zusätzliches Passwort wählen (zur Zwei-Faktor-Authentifizierung siehe ▶ Seite 142).

Automatisches Löschen

Wenn Sie vermeiden möchten, dass Nachrichten auf Telegram lange gespeichert werden, dann gibt es die Möglichkeit, einen **Selbstzerstörungstimer** zu aktivieren. Hierfür müssen Sie im Chat auf die kleine Stoppuhr im Texteingabefeld tippen und die gewünschte Speicherzeit wählen. Aber Vorsicht: Auch wenn Ihr Gegenüber die Nachricht nur einige Sekunden lang sieht, kann es die Zeit nutzen, um einen Screenshot anzufertigen.

Privatsphäre-Einstellungen anpassen

Um gegenüber den anderen Telegram-Nutzer:innen nicht allzu viel preiszugeben, empfehlen wir die Anpassung einiger Standard-Einstellungen. Gehen Sie dafür wieder auf „Einstellungen", „Privatsphäre und Sicherheit" in die Kategorie „Privatsphäre" und ändern Sie die nachstehenden Punkte auf die von uns vorgeschlagenen Einstellungen:

- Telefonnummer (wer darf meine Nummer sehen?) > Niemand
- Telefonnummer (wer darf mich unter meiner Nummer finden?) > Meine Kontakte
- Zuletzt gesehen (wer darf meinen Online-Status sehen?) > Niemand
- Profilbild (wer darf mein Profilbild sehen?) > Meine Kontakte
- Anrufe (wer darf mich anrufen?) > Meine Kontakte
- Weiterleitung (wer darf beim Weiterleiten meiner Nachrichten eine Verknüpfung zu meinem Konto hinzufügen?) > Meine Kontakte
- Gruppen (wer kann mich in Gruppen einladen?) > Meine Kontakte

Daten aus dem Speicher löschen

Ebenfalls unter „Privatsphäre und Sicherheit" und „Dateneinstellungen" können Sie prüfen, welche Daten von Ihnen in der Cloud gespeichert sind. Die Gelegenheit können Sie nützen und Informationen über Sie aus dem Telegram-Speicher löschen.

Facebook Messenger
Nachjustierung

Neben den Einstellungen, die Sie auf Facebook getätigt haben (siehe
► Seite 43) und die auch für den Messenger gelten, können Sie hier
noch einige Dinge nachjustieren. Das Wichtigste zuerst: Sie müssen die
Ende-zu-Ende-Verschlüsselung manuell einrichten, weil sie nicht
standardmäßig aktiviert ist. Meta hat aber angekündigt, dass dies bald
der Fall sein soll. Bis dahin muss die Verschlüsselung für jede Unterhaltung einzeln aktiviert werden. Beginnen Sie dafür (auch bei schon
bestehenden Chat-Kontakten) die Unterhaltung am besten neu. Tippen
Sie auf die Sprechblase unten links, dann gehen Sie auf das Stift-Symbol
in der rechten oberen Ecke und wählen Sie die Person aus, mit der Sie
kommunizieren möchten. Dann stellen Sie in der oberen rechten Ecke den
Schieberegler nach links, Richtung Vorhängeschloss-Symbol.

In den Einstellungen unter „Privatsphäre und Sicherheit" können Sie
festlegen, wer Ihnen Nachrichten senden kann. Wir empfehlen bei allen
drei Punkten, „Personen, die deine Telefonnummer haben", „Freunde
von Freunden auf Facebook" und „Andere Facebook-Nutzer", die Option „Keine Anfragen erhalten" auszuwählen. Unter „Eingeschränkte
Konten" können Sie die Interaktion mit Personen einschränken. Dann
wird die Unterhaltung aus der Chat-Liste entfernt und keine Benachrichtigungen mehr gesendet. Unter „Blockierte Konten" können Sie Personen
festlegen, die nicht mehr mit Ihnen in Kontakt treten können. Tippen Sie
hierfür auf das Personen-/Plus-Symbol in der oberen rechten Ecke und
wählen die zu blockierende Person aus.

Festlegen, wer Ihnen schreiben darf

Weiter unten unter „Aktiv-Status", „Anzeigen, wenn du aktiv bist" und
„Anzeigen, wenn ihr gleichzeitig aktiv seid" empfehlen wir den **Regler
auf Grau** zu stellen. Dadurch können Sie sich im Messenger frei bewegen, ohne dass Ihre Aktivität von anderen Kontakten bemerkt wird.

Aktiv-Status deaktivieren

Skype
Sichere Nutzung

Die Sofortnachrichten, Sprach-Videoaudioanrufe und Datenübertragungen auf Skype sind zwar verschlüsselt. Allerdings verwendet der zu Microsoft gehörende Dienst standardmäßig keine **Ende-zu-Ende-Verschlüsselung**. Nur diese garantiert, dass die Inhalte ausschließlich von Ihnen selbst und Ihrem Gegenüber gesehen werden können. Es gibt jedoch die Option, die Ende-zu-Ende-Verschlüsselung manuell zu starten: Dazu klicken Sie auf den jeweiligen Kontakt und wählen aus dem Folgemenü „Private Unterhaltung beginnen" aus. Bei Erscheinen dieses Buches war das lediglich in der Web-Version von Skype nicht möglich.

Microsoft will viel wissen

Wer Skype in der Standardeinstellung nutzt, muss damit rechnen, dass Nachrichten auf illegale Inhalte gescannt werden. Vor Jahren wurde bekannt, dass Microsoft Unterhaltungen ohne jegliche Sicherheitsmaßnahmen abhören ließ. Inzwischen gehört diese Praxis der Vergangenheit an, versichert man. Jedoch will Microsoft generell viel über seine Nutzer:innen wissen, sammelt eine beträchtliche Menge an Daten und speichert (bei Standardeinstellung) Nachrichten automatisch in der Cloud. All das ist aber nicht ungewöhnlich und andere US-amerikanische Anbieter schneiden in der Hinsicht auch nicht besser ab. Da Skype schon seit vielen Jahren zu den beliebtesten Video-Chat-Diensten gehört, wird es immer wieder zum Ziel für Malware- und Phishing-Angriffe (mehr zum Thema siehe ► Seite 116). Es empfiehlt sich daher, im (Skype inkludierenden) Microsoft-Konto die **Zwei-Faktor-Authentifizierung** zu aktivieren (siehe ► Seite 142).

Lese- und Onlinestatus deaktivieren

Das Gute an Skype ist, dass der Dienst im Gegensatz zu vielen anderen die Möglichkeit bietet, sowohl den Online- als auch den Lesestatus zu deaktivieren. Diese informieren Ihre Kontakte standardmäßig darüber, ob Sie gerade aktiv sind bzw. ob Sie eine empfangene Nachricht bereits gelesen haben. Klicken Sie rechts neben Ihrem Profilbild auf die drei blauen Punkte, wählen Sie „Einstellungen", „Nachrichten" und stellen Sie den Regler „Lesebestätigungen" auf Grau. Den Onlinestatus können Sie direkt unter dem Profilbild unter „Status festlegen" einstellen.

In den Einstellungen unter „Konto & Profil" und „Dein Profil" können persönliche Daten angegeben werden. Ratsam ist, **so wenig wie möglich** preiszugeben. Verzichten Sie auf die Angabe von Ort, Land/Region, Geburtstag, Geschlecht oder Infos unter „Stellen Sie sich kurz vor … ". Scrollen Sie weiter nach unten zu „Profileinstellungen" und deaktivieren Sie „In Suchergebnissen und Vorschlägen anzeigen".

Persönliche Daten

Klicken Sie auf „Einstellungen", „Konto & Profil" und „Profilbild" und wählen Sie, wer Ihr Profilbild sehen kann. Wir empfehlen „Nur Kontakte" zu aktivieren. Alle Ihre Kontakte werden automatisch in Ihrer Profilsichtbarkeitsliste angezeigt, zu finden unter „Einstellungen", „Kontakte", „Datenschutz", „Liste anzeigen". Sie können hier nun die Sichtbarkeit Ihres Profils weiter einschränken, indem Sie **Kontakte gezielt** aus der Liste **löschen**.

Sichtbarkeit des Profils einschränken

Wenn Sie nur von Personen aus Ihrer Kontaktliste angerufen werden möchten, dann gehen Sie auf „Einstellungen", „Datenschutz" und aktivieren den Punkt „Nur Skype-Anrufe von Kontakten auf diesem Gerät zulassen". Außerdem empfehlen wir unter dem Menüpunkt „Datenschutz" folgende Einstellungen: Ihre App-Daten regelmäßig zu löschen (erster Punkt), darunter „Standort mit Bing teilen" deaktivieren und „Sprachaufzeichnungen beitragen" deaktivieren.

Nur Anrufe von Kontakten zulassen

Wenn Sie mit jemandem nicht in Kontakt sein möchten, dann gehen Sie auf die Registerkarte „Kontakte" und klicken den jeweiligen Kontakt mit der rechten Maustaste an. Dann wählen Sie „Kontakt bearbeiten". Im Folgefenster haben Sie die Möglichkeit den Kontakt entweder zu **löschen** (aus Kontaktliste entfernen) oder zu **blockieren**. Wenn Sie blockieren wählen, dann haben Sie die Möglichkeit via Schieberegler einen Missbrauch durch diesen Kontakt zu **melden**.

Kontakte blockieren oder melden

Instagram

So schützen Sie Ihr Profil

Die zu Meta/Facebook gehörende Social-Media-Plattform Instagram (kurz: Insta) ist auf Bildbeiträge spezialisiert. Gerade Fotos verleiten dazu, im ersten Moment mehr von sich preiszugeben, als einem im nächsten lieb ist. Daher unser Tipp: Vor dem Posten besser **zweimal überlegen**, als einen Schnellschuss später zu bereuen. Davon abgesehen, sollte einem bewusst sein, dass sich der Meta-Konzern in Sachen Datenschutz noch nie mit Ruhm bekleckert hat und sich so viele Daten wie nur möglich holt. Hinsichtlich der Einstellungen empfehlen wir daher das Folgende.

Den Privat-Modus wählen

Ihre Privatsphäre auf Instagram können Sie besser kontrollieren, indem Sie Ihr Profil von **öffentlich** (alle können es sehen) auf **privat** (beschränkt auf jene Personen, die Ihnen auf Insta folgen, Ihre Follower) schalten. Tippen Sie dafür unten rechts am Startbildschirm auf Ihr Profilbild und im nächsten Bildschirm oben rechts auf die drei Linien. Wählen Sie „Einstellungen", „Privatsphäre und Sicherheit" und „Konto-Privatsphäre". Aktivieren Sie den Punkt „Privates Konto". Sie können auch im privaten Modus Ihre Beiträge auf verknüpften Social-Media-Websites wie Facebook teilen (auf „Teilen" tippen und Auswahl treffen). Die Verwendung von Hashtags, also Schlagworten mit vorangestelltem Rautezeichen (#) zur thematischen Einordnung und Verbesserung der Auffindbarkeit, ist im privaten Modus jedoch nicht möglich.

Aktivitätsstatus und Cookies

Arbeiten Sie sich anschließend im Menüpunkt „Privatsphäre und Sicherheit" **Schritt für Schritt** nach unten: Deaktivieren Sie „Aktivitätsstatus anzeigen", bearbeiten Sie die Story-Einstellungen dahin gehend, dass diese nicht von Ihren Followern geteilt werden dürfen, und beschränken Sie die Möglichkeiten zum Ansehen und Beantworten Ihrer Inhalte. Unter „Datenberechtigungen", „Cookies verwalten" sollten Sie den Einsatz aller nicht erforderlichen Cookies untersagen. Einen Punkt weiter unten empfehlen wir die Aktivierung einer zweistufigen Authentifizierung unter

„Einstellungen für zweistufige Authentifizierung bearbeiten" (mehr zum Thema siehe ► Seite 142).

Unter „Erwähnungen", „Wer darf dich @erwähnen" und „Wer dich markieren kann" erhöht es Ihren Schutz, wenn Sie „Personen, denen du folgst" oder „Niemand" wählen. Dazwischen haben Sie die Möglichkeit, den Regler „Gefällt mir'-Angaben verbergen" auf Blau zu stellen. Bei „Anfragen zum Featuren deiner Beiträge in Shops zulassen" empfehlen wir, den Regler auf Grau zu stellen.

Zwei Fein-justierungen

Auch bei den **Profilinformationen** sollten Sie so wenig wie möglich preisgeben. Gehen Sie auf „Einstellungen", „Profil bearbeiten" und checken Sie die Angaben. Wir empfehlen, auf die Preisgabe Ihres echten Namens, E-Mail-Adresse, Telefonnummer und weiterer Informationen zu verzichten. Ganz unten in diesem Menüpunkt können Sie entscheiden, ob Ihr Konto anderen Profilen vorgeschlagen werden darf. Deaktivieren Sie das standardmäßig gesetzte Häkchen, dann werden Sie anderen Insta-Nutzer:innen nicht als möglicher Kontakt angeboten und somit nicht so einfach gefunden.

Informationen im Profil beschränken

Follower können Sie entfernen, indem Sie auf Ihr Profilbild klicken und dann neben Ihrem Bild auf „Follower". Dort können Sie durch die Liste scrollen und die jeweiligen Personen entfernen. Wenn Sie eine Person blockieren möchten, dann klicken Sie auf das Profil des gewünschten Kontakts, rechts oben auf die drei Punkte und wählen Sie „Blockieren". **Unerwünschte Kommentare** unter Ihren Inhalten können Sie entfernen, indem Sie erst das Posting antippen und dann das Papierkorb-symbol.

Follower entfernen/blockieren und Kommentare löschen

Add-Ons zur Funktionserweiterung wie Fotofilter, die Sie jünger oder älter machen etc., fordern oft Zugriff auf Daten, die für die Verwendung nicht nötig sind. Werfen Sie vorab einen Blick auf deren Datenschutz-bestimmungen!

Vorsicht bei Add-on-Apps

TikTok
Kurzvideos mit Suchtfaktor

TikTok ist derzeit die mit Abstand beliebteste App zum Teilen von kurzen, oftmals lustigen Videos. Sie blendet den Nutzer:innen mithilfe von künstlicher Intelligenz genau jene Inhalte ein, die sie interessant finden. Die App stammt aus **China** und hat wegen ihrer Anzeige von passgenauen Inhalten (besonders bei Teenagern) ein hohes Suchtpotenzial. Daher ist ein achtsamer Umgang ratsam – und auch, weil nicht alle Videos aufgrund ihres Inhalts als unterhaltsam und unbedenklich einzustufen sind.

Zugriff verweigern

Zunächst einmal sollten Sie bei der Installation der App den Zugriff auf **entbehrliche Daten** wie Ihren Standort, Telefonkontakte, Kontakte aus anderen sozialen Netzwerken, Alter, Telefonnummer oder Zahlungsinformationen untersagen. Der Zugriff auf Kamera und Mikrofon (und eventuell auch auf Ihre Fotos) ist nur dann unumgänglich, wenn Sie selbst Videos erstellen möchten, nicht wenn Sie solche lediglich konsumieren. Das Erstellen und Veröffentlichen von Videos ist nur über die App möglich. In diesem Fall speichert TikTok Aufnahmen Ihres Gesichts und somit **biometrische Daten**.

Datenschutzrisiken

Grundsätzlich ist die Tatsache, dass die Daten in China landen, Fachleuten zufolge **mit keinem höheren Risiko verbunden** als bei den anderen sozialen Netzwerken, von denen Daten in die USA transferiert werden. Die Datenübertragung erfolgt verschlüsselt, wenngleich nicht von Ende zu Ende, und die Daten werden mit hoher Wahrscheinlichkeit von TikTok selbst weiterverkauft. Für die chinesische Regierung, die sich wohl Einsicht verschaffen könnte, wären sensible Inhalte von nationaler Tragweite interessant. Informationen also, die durchschnittliche Bürger:innen ohnehin nicht auf ihren Smartphones haben.

Privaten Modus einstellen

Zusätzlich erhöhen können Sie die Sicherheit Ihres Kontos, indem Sie es etwa in den **privaten Modus** stellen. Gehen Sie auf Ihre Profilseite und

tippen Sie auf die drei Punkte in der rechten Ecke. Wählen Sie „Datenschutzeinstellungen" und die Option „Privatsphäre und Sicherheit" und
aktivieren Sie „Privates Konto". Dann können nur noch Personen, denen
Sie es genehmigen, Ihre Inhalte sehen.

Wenn Sie steuern möchten, wer Ihre Postings kommentieren darf, dann
gehen Sie wieder unter „Privatsphäre und Sicherheit" auf „Wer deine
Videos kommentieren kann". Wählen Sie „Freunde" aus. Die **Kommen-
tarbeschränkung** können Sie auch auf einzelne Videos anwenden,
indem Sie auf die Menütaste des Videos tippen und „Kommentare erlauben" abwählen.

*Kommentar-
Möglichkeiten
steuern*

Ebenfalls unter „Privatsphäre und Sicherheit" unter „Wer mit dir im
Duett performen kann" können Sie zwischen „jeder", „Freunde" und
„Aus" wählen. Und unter demselben Menüpunkt auf „Wer dir Direktnachrichten senden kann" können Sie festlegen, wer mit Ihnen in Kontakt
treten darf.

*Nachrichten-
Möglichkeiten
steuern*

Wenn Sie Personen sperren oder melden möchten, die unangemessene Inhalte posten, dann gehen Sie auf deren Profil und dort auf die
drei Punkte am oberen Bildschirmrand. Wählen Sie je nach Wunsch
die Optionen „Blockieren" oder „Melden". In der dann folgenden Ansicht können Sie auswählen, weshalb Sie die Person nicht mehr sehen
möchten. Ebenso können Sie einzelne Kommentare (Kommentar antippen und auf „Melden" gehen) oder Videos (zuerst auf „Teilen", dann
„Melden" wählen) melden.

*Nutzer:innen
sperren oder
melden*

Wer befürchtet, allzu viel Zeit mit der App zu verbringen, kann seine
TikTok-Nutzung über die Einstellung „Digital Wellbeing" (auch: Bild-
schirmzeit) einschränken. Wählen Sie hierfür in den Einstellungen den
Punkt „Digital Wellbeing" und tippen Sie auf „Einschalten" und dann auf
„Passcode setzen". Danach aktivieren Sie die Funktionen „Bildschirm-
zeit-Management" und „Eingeschränkter Modus".

*Wellbeing:
Nutzungsdauer
einschränken*

Twitter/X

Einschränken, was möglich ist

Seitdem Elon Musk Twitter (mittlerweile in X umbenannt) im Oktober 2022 übernommen hat, ändern sich die Dinge beim Kurznachrichtendienst in rasantem Tempo. Dem Inhaber Musk ist vieles zuzutrauen, auch was die Handhabe von Sicherheitsthemen betrifft. Daher empfehlen wir in der folgenden Anleitung jene Einstellungen, die das höchstmögliche Maß an Sicherheit und Datenschutz gewährleisten – wenngleich manches zulasten des Nutzungskomforts gehen kann.

Basis-einstellungen

Einstellungen vorzunehmen ist nur über die **App** möglich, nicht wenn Sie sich am Computer anmelden. Tippen Sie in der App auf Ihr Profil oben links, wählen Sie den Menüpunkt „Einstellungen und Datenschutz" und aktivieren Sie dann auf „Sicherheit und Account-Zugriff" die Zwei-Faktor-Authentifizierung (siehe auch ► Seite 142) und den Passwort-Zurücksetzungsschutz. Dann gehen Sie mit dem Pfeil oben links zurück auf „Verbundene Accounts", wo Sie einstellen können, mit welchen Konten Twitter verknüpft sein sollte.

Leserkreis einschränken

Weiters sollten Sie im Menüpunkt „Datenschutz und Sicherheit" unter „Zielgruppe und Markierung" „Deine Tweets schützen" aktivieren (wenn Sie möchten, dass nur Follower und akzeptierte Personen Ihre Tweets sehen). Ebenfalls dort sollten Sie die Möglichkeit zu **Fotomarkierungen** deaktivieren. Auf „Inhalte, die du siehst" können Sie Themen festlegen, die Sie sehen möchten, und zugleich jene ausblenden lassen, an denen Sie kein Interesse haben. Auf „Stummschalten und blockieren" können Sie die Blockade von Accounts, Wörtern und Mitteilungen verwalten, und unter „Direktnachrichten" sollte der Regler „Nachrichtenanfragen von allen erlauben" deaktiviert sein.

Infoaustausch einschränken

Im Menüpunkt „Auffindbarkeit und Kontakte" empfehlen wir „Anderen erlauben, dich über deine E-Mail-Adresse bzw. Telefonnummer zu finden"

zu deaktivieren, und ebenso „Adressbuchkontakte synchronisieren".
Weiter geht es in der Kategorie „Datenfreigabe und Personalisierung":
Wählen Sie „Werbeeinstellungen" und stellen Sie den Regler bei „Personalisierte Anzeigen" auf „Deaktiviert". Ebenso sollte der Regler unter
„Abgeleitete Identität" deaktiviert sein und selbstredend auch jener
unter „Geschäftspartner" („Zusätzlichen Informationsaustausch mit
Geschäftspartnern erlauben"). Außerdem sollten Sie darauf achten, dass
beide Regler unter dem Menüpunkt „Standortinformationen" deaktiviert
sind.

Grundsätzlich sollten Sie bei Twitter/X beachten, dass die abgesetzten
Tweets, anders als etwa bei WhatsApp (siehe ▶ Seite 83) oder anderen
Messenger-Diensten, als **öffentliche Kommunikation** gelten – und
das auch dann, wenn Sie den Seherkreis eingeschränkt haben. Die Tweets
können von Nutzer:innen weiterverwendet werden, ohne die Privatsphäre des Urhebers zu verletzen. Das wird in der Datenschutzerklärung
festgehalten. Auch Twitter selbst verfolgt das Nutzungsverhalten nach
und verarbeitet es. Die im Dienst angegebenen personalisierten Daten
landen auf Clouds oder Servern in den USA und somit in einem nicht
DSGVO-konformen Land. Außerdem werden sie zu Werbezwecken weitergegeben.

Tweets sind öffentliche Kommunikation

Was die **Zugriffsrechte** betrifft, ist Twitter/X nimmersatt: Die App fordert den Zugriff auf die Kamera, die Kontakte, den Kalender, den Standort,
das Mikrofon und die Mediengalerie. Hier ist es sinnvoll, in den App-Berechtigungen (siehe auch ▶ Seite 147) zu prüfen, ob Sie die Zugriffe
tatsächlich untersagt haben.

Zugriffsrechte einschränken

Schließlich gilt es die inhaltliche Perspektive zu betrachten. Elon Musk
hat nach der Übernahme die Regelungen zu Meinungsäußerungen gelockert. Seitdem haben sich die Türen für Rechtsextreme und Verschwörungstheoretiker geöffnet. Daher sollte Ihnen bewusst sein, dass Sie auf
Twitter/X zunehmend bedenkliche und unglaubwürdige Inhalte zu sehen
bekommen.

Fragwürdige Inhalte

Fotos im Internet
Urheberrechtsfragen

Fotos sind automatisch rechtlich geschützt – professionelle Aufnahmen ebenso wie private Schnappschüsse mit dem Handy –, und zwar unabhängig vom Motiv. **Urheber im rechtlichen Sinne** ist immer die Person, die das Foto aufgenommen hat. Dies führt dazu, dass eine fremde Person, die Sie darum gebeten haben, mit Ihrem eigenen Smartphone ein Foto von Ihnen zu machen, die Urheberschaft innehat. Hier kann man aber davon ausgehen, dass sie nicht darauf bestehen wird, als Urheber genannt zu werden; und Ihnen zugleich stillschweigend die Nutzungsrechte für das Foto einräumt.

Sonderfall Soziale Medien

Wenn Sie Ihre Fotos auf Facebook, Instagram, WhatsApp & Co hochladen, stimmen Sie der Verwendung durch die Sozialen Medien zu. Diese Zustimmung erteilen Sie, wenn Sie bei der Einrichtung Ihres Benutzerkontos die Nutzungsbedingungen akzeptieren. Üblicherweise erteilen Sie hier auch die Erlaubnis, dass Ihre Fotos von anderen Privatpersonen „geteilt" werden dürfen. Es handelt sich dabei ausschließlich um das **Teilen** der vom Urheber selbst **bereits veröffentlichten** Bilder.

Keine Nutzung abseits des Teilens

Strikt **untersagt** ist das Kopieren und öffentlich sichtbare Verwenden von Bildern in einem anderen Zusammenhang, und zwar auch dann, wenn man die Quelle angibt. Die einzigen Ausnahmen: Sie haben vorab die Zustimmung des Urhebers für die Veröffentlichung eingeholt, oder der Urheber hat das Bild unter gewissen Auflagen zur Nutzung freigegeben. Immer **erlaubt** ist hingegen das Anfertigen von Kopien für rein private Zwecke, ohne Weitergabe an Dritte.

Umfassende Zustimmung

Der eigentliche Haken, wenn man sich mit den Sozialen Medien einlässt, ist die Rechteübertragung an die Plattformen selbst, also das Erteilen einer sehr weit reichenden **Nutzungslizenz**. Die Anbieter holen sich im Zuge der Registrierung unter anderem die Zustimmung, die von den

Nutzer:innen geposteten Fotos kostenlos für ihre eigene Werbung einsetzen und auch modifizieren zu dürfen. Die Weitergabe bzw. der Weiterverkauf der Fotos an Dritte, also an Unternehmen außerhalb des Sozialen Mediums, ist in diesem Zusammenhang allerdings nicht zulässig und bedarf einer gesonderten Zustimmung.

Man verliert des Weiteren insofern die Kontrolle über die eigenen Fotos, als sich eine **Löschung** des eigenen Benutzerkontos nur auf die nicht geteilten Bilder erstreckt. Was von anderen Nutzer:innen geteilt wurde, bleibt trotz Löschung des eigenen Kontos auf Dauer online sichtbar – außer man wendet sich an jede einzelne dieser Personen und bittet sie um gezielte Löschung der betreffenden Fotos auf ihrem persönlichen Konto.

Sichtbar trotz Löschung

Eine Urheberrechtsregelung gibt es auch für **Gebäude** oder **Kunstwerke** im öffentlichen Raum, womit wir uns von der Frage, wer das Foto geschossen hat, jener nach dem abgelichteten Motiv zuwenden. Das Urheberrecht von Architekt:innen oder Künstler:innen endet erst 70 Jahre nach ihrem Tod. Trotzdem darf man als Privatperson zeitgenössische Gebäude oder Kunstwerke ablichten und ohne Zustimmung des Urhebers (oder seiner Erben) z. B. für Postings verwenden.

Panoramafreiheit

Temporäre Kunstinstallationen im öffentlichen Raum fallen hier allerdings nicht darunter, ebenso wenig **Werbeplakate** oder Werke, die in **Museen** ausgestellt sind. In allen diesen Fällen ist die Weiterverbreitung eines selbst aufgenommenen Fotos nur dann ohne Zustimmung der Künstler:innen erlaubt, wenn das Kunstwerk lediglich im Hintergrund zu sehen, also Beiwerk ist. Wobei konkret von einem „unwesentlichen" Beiwerk die Rede ist. Das heißt, ein Selfie mit einem „echten Warhol" formatfüllend im Hintergrund wird als Posting vermutlich noch immer problematisch sein, eine Gesamtaufnahme des Ausstellungsraums, auf der einzelne Kunstwerke deutlich erkennbar sind, hingegen nicht. Im Falle von Museen ist vorab zu klären, ob das Fotografieren dort überhaupt erlaubt ist.

Im Zentrum oder Beiwerk?

Fotos im Internet

Recht am eigenen Bild

In der Öffentlichkeit lässt es sich nicht vermeiden, Fremde auf den eigenen Fotos abzubilden. Trotzdem ist das Knipsen und das Veröffentlichen solcher Bilder erlaubt, ohne dass man die einzelnen Personen fragen müsste.

Anderer Zusammenhang

Heikel wird es, wenn z. B. der Bildtext einen anderen Zusammenhang herstellt. Heikel wird es auch, wenn man als Teilnehmer:in einer Reisegruppe oder eines Schulausflugs die anderen Teilnehmer:innen fotografiert oder Personen gezielt heraushebt. Wird ein solches Foto **ohne Zustimmung** der Abgebildeten veröffentlicht, dann verletzt dies ihre berechtigten Interessen. Eine Ausnahme sind Personen des öffentlichen Lebens. Aber auch sie dürfen nicht in einem kompromittierenden Zusammenhang dargestellt oder für Werbezwecke verwendet werden.

Die Rechte der Kinder

Auch **Kinder** haben ein Recht am eigenen Bild; bis zum **Alter von 14 Jahren** haben sie jedoch nach Ansicht des Gesetzgebers noch nicht das entsprechende Urteilsvermögen, um über die Veröffentlichung oder Weitergabe von Fotos, auf denen sie abgebildet sind, zu entscheiden. Zugleich dürfen die Erziehungsberechtigten aber nicht anstelle der Kinder eine verbindliche Zustimmung erteilen. Kinder könnten später das Recht aufs eigene Bild gerichtlich einklagen, und zwar auch gegen ihre Eltern.

Kinder mit einbinden

Empfehlenswert ist es, Kinder aktiv in den Entscheidungsprozess mit einzubeziehen. Außerdem sollte man die Gruppe an Personen, an die man die Fotos verschickt, klein und überschaubar halten und auch ihnen den richtigen Umgang damit erklären. Auch hier gilt: Kopien für **rein private Zwecke** sind immer erlaubt. Problematisch ist hingegen das Weitergeben dieser Fotos ohne Zustimmung des Urhebers. Das bedeutet in der Praxis: Großeltern sollten z. B. über WhatsApp erhaltene Fotos von den Enkelkindern nicht ungefragt an andere Personen weiterleiten, selbst wenn es sich um Verwandte oder Freunde handelt.

Fitnesstracker & Co
Wissbegierige Optimierungs-Apps

Quantified Self nennt sich eine Bewegung, die das Ziel hat, möglichst viele Bereiche des Lebens zu vermessen und zu optimieren. Dabei behilflich sind Fitness-Apps, Schrittzähler, Kalorienzähler, Befindlichkeitstracker, Menstruations-Apps, Schlaf- und Ernährungs-Optimierungs-Apps.

Wobei die Messergebnisse nur **bedingt zuverlässig** sind. So basieren Angaben zum Kalorienverbrauch auf Schätzungen oder Hochrechnungen. Bei den Schrittzählern sind Messungen, die ausschließlich über das Handy erfolgen, ebenfalls nur bedingt zuverlässig. Besser ist es, wenn man ein Fitnessarmband trägt, das mit der App verbunden ist. Die aktuellen Modelle sind schon relativ genau. Noch exakter funktioniert das Messen mithilfe einer Smartwatch, allerdings auch hier niemals zu 100 Prozent.

Ergebnisse hinterfragen

Folgende mögliche Gefahren gilt es zu beachten:

Die Risiken im Hinterkopf behalten

- Die (Gesundheits-)Daten können der Erstellung von Personenprofilen dienen, die von Werbetreibenden verwendet werden, aber – wenn auch in Österreich derzeit nur auf freiwilliger Basis – ebenfalls von Versicherungsunternehmen.
- Die Lokalisierung von Nutzer:innen ist ein willkommenes Instrument von Stalkern, etwa wenn Laufrouten live im Netz veröffentlicht werden.
- Es besteht das Risiko der Bloßstellung, etwa wenn jemand die aufgezeichneten Stimmungen mitliest und öffentlich macht.
- Außerdem kann ein Identitätsdiebstahl erfolgen, etwa wenn mithilfe der Daten Ausweise gefälscht und verkauft oder kriminelle Handlungen unter der jeweiligen Identität begangen werden.

Anwender von Fitness- und Optimierungs-Apps sollten das **Live-Tracking-Feature** deaktivieren. Außerdem sollte man vom Teilen der Daten auf Facebook oder Google absehen und generell zurückhaltend sein.

Aufs Teilen von Daten verzichten

Uber
Umstritten und nicht immer am günstigsten

Wenn Sie in einer von 700 Städten weltweit von A nach B kommen wollen, kann diese App eine große Erleichterung darstellen. Ein paar Mal am Handy wischen und der Wagen ist da. Der **Fahrdienstvermittler** Uber hat sich seit 2009 rasant über den ganzen Planeten verteilt. Doch ist er auch umstritten, wegen seiner fragwürdigen Geschäftspraktiken und wegen der zahlreichen Datenpannen. Rund um Uber liefen unzählige Rechtsstreitigkeiten. In manchen Ländern wurde der Dienst teilweise oder komplett verboten. In Österreich (konkret: in Wien) ist Uber nach einigen rechtlichen Anpassungen wieder erlaubt (nun sind hier nur noch **lizenzierte Fahrzeuge** statt Privatautos zugelassen und die Fahrer:innen müssen den Taxilenkerschein besitzen).

Preise: von mickrig bis horrend

Als der Dienst startete, waren die Fahrten im Vergleich zum Taxi ungewöhnlich billig. Doch bald stellte sich heraus, dass die Kosten je nach Nachfrage rasant steigen können, etwa zu Spitzenzeiten wie Silvester oder bei plötzlichem Regenwetter (siehe auch ► Seite 57 zu Dynamic Pricing). Es wurde sogar berichtet, dass sich der Akkustand des Smartphones auf den Preis auswirken sollte. Wenn einem der Saft auszugehen drohe, sei man bereit, mehr für die Fahrt zu bezahlen. In Österreich haben die Fahrpreise mittlerweile grundsätzlich angezogen.

Lascher Umgang mit Daten

In seinen AGBs lässt sich der Dienst den Zugriff auf eine Menge an Informationen und deren Verwertung (häufig für Werbung und Marketing) bewilligen. In den USA war in der Vergangenheit von einer Software namens „God View" die Rede. Über diese konnte demnach ein bestimmter Personenkreis bei Uber jederzeit nachverfolgen, wo sich Fahrgäste gerade aufhielten. Auch mit Statistiken machte man von sich reden, etwa wenn analysiert wurde, in welchen Teilen US-amerikanischer Städte die meisten One-Night-Stands vonstatten gingen.

Netflix
Sicherheitmaßnahmen

Der beliebte Streaming-Dienst Netflix gilt als vergleichsweise leichtes Ziel für das **Knacken des Kontos** durch Dritte (Hacking). Einer der Gründe war früher das Accountsharing, also das Teilen des Kontos mit mehreren Personen, die nicht im selben Haushalt lebten. Diese Möglichkeit, die aus Sicht der jeweiligen Kontoinhaber:innen zwangsläufig zu einer gewissen Unübersichtlichkeit bezüglich der (Mit-)Nutzung führte, wird seit dem Jahr 2023 von Netflix schrittweise unterbunden. Je nach gewähltem Abo können nun gegen Aufpreis maximal zwei weitere Haushalte mit eingebunden werden.

Dies ändert allerdings nichts daran, dass ein Konto geknackt werden kann, weshalb Sie gewisse Sicherheitsvorkehrungen treffen sollten. Eines davon ist das Erstellen eines möglichst sicheren **Passworts** (siehe ► Seite 140). Außerdem sollten Sie, falls Sie dies nicht schon bei der Registrierung getan haben, Ihrem Konto eine **Telefonnummer** hinzufügen. Sie erleichtert das Wiederherstellen des Passworts, falls Sie dieses vergessen haben sollten, und erhöht die Sicherheit Ihres Kontos, weil es im Zweifelsfall einfacher ist, auf diesem (zusätzlichen) Weg Ihre Identität festzustellen. Schließlich sollten Sie hin und wieder auf Ihrem Konto nach dem Rechten sehen, um sicherzugehen, dass keine unbefugte Nutzung stattfindet.

Passwort und Telefonnummer

Dafür müssen Sie sich in Ihren Account einloggen. Ein erster Blick sollte dem **Titelverlauf** („Kürzlich angesehen") gelten, der für jedes Profil automatisch angelegt wird. Hier sollten keine Filme oder Serien auftauchen, die Sie selbst nicht bewusst abgerufen haben. Auch sollte es in Ihrem Konto natürlich keine Profile geben, die ohne Ihr Wissen angelegt wurden. Nun gehen Sie unter „Konto", „Sicherheit und Datenschutz" auf „Zugriff und Geräte verwalten". Hier finden Sie eine Liste aller Geräte, die in letzter Zeit mit Ihrem Konto aktiv waren, und sehen, mit welchem

Vertrauen ist gut, Kontrolle besser

Profil die einzelnen Geräte genutzt wurden. Sollte Ihnen ein Gerät unterkommen, das Sie nicht kennen oder das Sie nicht mehr verwenden, dann loggen Sie sich auf diesem Gerät aus. Außerdem sollten Sie auf jeden Fall sofort Ihr Passwort ändern. Im Schritt davor, unter dem Punkt „Sicherheit und Datenschutz", können Sie sich auch gleichzeitig aus sämtlichen Geräten ausloggen. Unter „Einstellungen" sollten Sie dann noch einen Blick auf „Download-Geräte verwalten". Hier finden Sie dann Einträge, falls Sie für unterwegs Filme auf Geräte heruntergeladen haben, um sie ohne Internetverbindung schauen zu können. Auch hier sollten Sie keine Geräte finden, die Ihnen nicht bekannt sind.

Ausgesperrt Der ungünstigere Fall ist, dass Sie aufgrund eines Hacks aus Ihrem Konto ausgesperrt wurden und sich nicht mehr anmelden können. In diesem Fall müssen Sie sich an den Kundenservice des Streaming-Anbieters unter der Hotline-Nummer 0800-297-949 wenden. Hier werden dann die notwendigen Schritte eingeleitet, damit Sie Ihr Konto wiedererlangen.

Kindersicherung einrichten Bei der Einrichtung eines jeden Profils haben Sie die Möglichkeit, Altersfreigaben festzulegen. Dann werden Nutzer:innen des betreffenden Profils nur Inhalte angezeigt, deren **Altersfreigabe** derselben Stufe entspricht oder darunter liegt. Wenn Sie ein neues Kinder-Profil erstellen, wählen Sie dafür die Kids-Umgebung, die anhand des Logos einfach zu identifizieren ist. Unter der Einstellung „Profile und Kindersicherung", „Altersfreigabe-Einschränkung" können Sie die gewünschte Freigabe festlegen und speichern.

Einzelne Titel blockieren Wenn Sie bestimmte Filme, Serien oder Spiele nicht mehr in einem **Kinderprofil** angezeigt bekommen möchten, dann gehen Sie auf „Profile und Kindersicherung", „Altersfreigabe-Einschränkung", geben Sie Ihr Passwort ein und geben dann unter „Titel-Einschränkungen" den gewünschten Titel ein, klicken/tippen ihn an, sobald er erscheint, und wählen „Speichern".

KI

Segen, Fluch und ein Sicherheitsproblem

Künstliche Intelligenz, auch KI (beziehungsweise englisch AI für Artificial Intelligence) genannt, wird seit Jahrzehnten erforscht und findet schon längst in vielen Bereichen des Alltags Anwendung: Wettervorhersagen, Navigationssysteme, Streaming-Empfehlungen, Spam-Filter, die Sprachassistenzsysteme Siri und Alexa – sie alle arbeiten mit KI. Zuletzt hat es auf dem Gebiet einen gewaltigen Schub nach vorne gegeben. Wegen der riesigen Datenmengen und Rechnerkapazitäten, die KI zum Lernen zur Verfügung stehen, und anderer innovativer Fortschritte entwickeln sich KI-Systeme mittlerweile eigenständig weiter – und das rasend schnell.

Ein Beispiel ist der Chatbot **ChatGPT**. Seit er 2022 frei zugänglich gemacht wurde, können Menschen von überall auf der Welt dem Programm Fragen stellen und erhalten komplexe Antworten. Es liefert Texte von analytischer Qualität, auch auf schwierige Fragestellungen und auf mehr oder minder gutem Niveau. Wie disruptiv die KI ist, wurde etwa im Schulunterricht schnell klar, weil zahlreiche Schüler:innen damit begannen, die Hausaufgaben vom Programm schreiben zu lassen.

ChatGPT: komplexe Texte, die Fehler haben können

Die Informatik unterscheidet zwischen **schwacher** und **starker** KI. In die schwache Kategorie gehören Siri und Alexa. Starke KI ist mindestens so leistungsfähig wie unser Gehirn, wobei Programme wie ChatGPT bereits in Richtung starke KI gehen. Solche Entwicklungen, im Zusammenhang mit denen wir zunehmend Teile unseres Denkens den Maschinen überlassen (wobei die KI menschliches Denken und Lernen ja nur imitiert, wenn auch mit erstaunlichen Ergebnissen), werfen viele Fragen auf. Allen voran jene nach der Sicherheit. Die Forschung sieht die folgenden Bedrohungen. Zum einen ergeben sich Herausforderungen in Sachen Datenschutz. Weil KI-Systeme große Datenmengen benötigen, um zu funktionieren, werden personenbezogene Daten oft ohne Zustimmung der Betroffenen gesammelt und weitergegeben. Die können

Je stärker die KI, desto größer die Bedrohung

in falsche Hände geraten und missbraucht werden. Zum anderen sind Entscheidungsfindungen von KI-Systemen für Menschen oft nicht nachvollziehbar. Es mangelt an **Transparenz**, die für die Gewährleistung ihrer Sicherheit Voraussetzung wäre. Dadurch, dass sich KI ständig „von allein" weiterentwickelt, müsste sie idealerweise auch auf ihre Sicherheit hin ständig neu bewertet werden. Auch dass das Wissen über KI und die meistgenutzten Programme selbst sich in den Händen einer kleinen Gruppe befinden, ist ein Problem.

Reale Gefahren

Ebenso wenig sind KI-Programme vor **Manipulationen** gefeit, etwa wenn sie gezielt mit falschen Daten gefüttert und die Ergebnisse dadurch absichtlich verzerrt werden (Data Poisoning). Beispiele wären Einflussnahmen bei politischen Kampagnen oder Hacks und Cyberangriffe. Die physische Sicherheit kann bei KI-Systemen insofern bedroht sein, als es sich beispielsweise um fehlgeleitete autonome Fahrzeuge oder außer Kontrolle geratene Drohnen handelt. Auch in anderen sicherheitskritischen Bereichen wie der Medizin oder dem Finanzsektor kann KI zur Gefahr werden. Letztlich müssen wir uns darüber im Klaren sein, dass KI in der Lage ist, Großes und Schreckliches zugleich zu vollbringen. Und dass KI fehlbar ist und mitunter etwas erfindet und Unwahrheiten ausspuckt. Die Datenbasis, die der Arbeit der Systeme zugrunde liegt, ist verwundbar.

Betrüger haben KI entdeckt

Außerdem haben auch Betrüger und Cyberkriminelle das Potenzial von KI für sich entdeckt. So werden zunehmend KI-Chatbots zur Erstellung von Schadsoftware oder auch Fake-Bewertungen in Onlineshops verwendet. Schadsoftware-Stämme verstecken sich etwa hinter ChatGPT-Browsererweiterungen, Produktivitäts-Tools, Smartphone-Apps oder Werbeanzeigen: Ihr Ziel ist meist das Absaugen von persönlichen Daten.

Wetter-Apps

Die sichersten, die genauesten

Wetter-Apps sind zu unseren ständigen Begleitern geworden. Oft ist eine davon bereits am Smartphone vorinstalliert und als Widget auf dem Bildschirm zu sehen. Ihr Funktionsumfang ist jedoch meist beschränkt oder sie liefert weniger zuverlässige Daten als andere Apps, die im App-Store angeboten werden. Die sind in der Regel werbefinanziert. Wenn Sie es werbefrei bevorzugen und sämtliche (Komfort-)Funktionen freischalten möchten, müssen Sie ein **Abo** abschließen.

Damit die App Ihnen das entsprechende Wetter anzeigen kann, müssen Sie ihr unter anderem Zugriff auf den Standort gewähren. Was die Apps-Anbieter in der Folge mit den **Standort-Daten** machen, ist unterschiedlich. Das Gros der Anbieter verkauft die Infos weiter, wobei sich einige auch selbst am sogenannten **Wettertargeting** beteiligen. Dabei werden an die Smartphone-Nutzer:innen je nach Wetterlage die passenden Werbeanzeigen ausgespielt.

Standort

Einer Analyse von Ende 2022 zufolge verkauft der allseits als seriös angesehene Dienst WetterOnline (zu dem auch Regenradar gehört) Standort-Daten an Amazon, Facebook und andere Kunden weiter. Der Dienst gilt zwar als relativ verlässlich, was die Vorhersagen betrifft, ist aber aus Datenschutz-Sicht nicht zu empfehlen. Die App Wetter.com dagegen gibt zwar keine Standortdaten weiter, enthält dafür aber ganze 26 **Tracker**, die Ihre Aktivitäten nachverfolgen, und ist folglich auch keine gute Wahl. Auch das Portal Accuweather schneidet in Sachen Datenweitergabe schlecht ab, es teilt seine Standortdaten unter anderem mit Amazon.

WetterOnline und Wetter.Com

Lob gibt es indes für den britischen Dienst OpenWeather: Die App kommt komplett ohne Tracker aus und tut sich auch hinsichtlich ihrer Vorhersagegenauigkeit für Europa hervor. Keine App, aber eine Website mit einigermaßen verlässlichen Unwetterwarnungen für Österreich bietet

OpenWeather: sicher und genau

die Zentralanstalt für Meteorologie und Geodynamik Geosphere Austria unter warnungen.zamg.at. Das deutsche Pendant dazu ist warnwetter. de. Auf beiden (staatlich finanzierten) Stellen können die Tracker im Zuge der Cookie-Banner-Einblendungen ausgeschaltet werden. (Zum Thema Cookie-Banner siehe auch ▶ Seite 35.)

Viele Apps, viele unterschiedliche Vorhersagen

Ein Phänomen, das vielen Nutzer:innen von Wetter-Apps bereits aufgefallen sein dürfte, ist, dass diverse Anbieter erstaunlich unterschiedliche und zum Teil **ungenaue Vorhersagen** treffen. Ein Grund dafür ist, dass einige Plattformen sich ausschließlich auf Gratisdaten eines US-amerikanischen Vorhersagemodells stützen. Die Daten dieses Dienstes sind wegen der weitläufigen nordamerikanischen Landschaften gröber aufgelöst als beispielsweise das ECMWF-Modell des Europäischen Zentrums für mittelfristige Wettervorhersage, das die kleinräumige europäische Topografie mitberücksichtigt.

Für bis zu fünf Tage zuverlässig

Unseriös ist es auch, wenn eine App punktgenaue Wetterverhältnisse und Temperaturangaben über zwei Wochen hinweg angibt. Denn einigermaßen zuverlässig vorhersagbar sind Großwetterereignisse nur **fünf Tage im Voraus**. Temperaturtrends lassen sich immerhin für zehn Tage gut ableiten. Doch die Schwankungsbreite kann hier am Ende der Prognoseperiode auch schon bis zu 15 Grad betragen. Seriöser sind Dienste, die Treffsicherheiten der jeweiligen Prognose und verschiedene Wettermodelle anzeigen oder bei denen ein erklärender Text dabeisteht, der etwa Temperaturspannen beschreibt.

Empfehlenswerte Dienste

OpenWeather haben wir bereits erwähnt. Ebenso bewährt haben sich der Schweizer Wetterdienst Meteoblue und die tschechische Plattform Windy. Kachelmannwetter arbeitet auch nach demselben Schema und mit europäischen Daten. Die Anbieter wetter.com und wetter.de schnitten bei Tests zur Vorhersagegenauigkeit ebenfalls gut ab.

Gegen Spionage
Webcam zukleben

Während nur wenige PC-Monitore über eine eingebaute Kamera verfügen, haben die meisten Laptops eine Kamera integriert. Die kleine Linse ist meist mittig am oberen Bildschirmrand angebracht. Am Smartphone ist die eingebaute Kamera auf der Vorderseite auch schon lange fixer Bestandteil. Mit der Zunahme von Video-Konferenzen und anderen Streaming-Möglichkeiten wird die Webcam immer beliebter.

Mit steigendem Gebrauch wächst freilich auch die Gefahr, dass die Kameras von Online-Kriminellen gehackt und missbraucht werden. Ein Beispiel: Nutzer:innen werden heimlich gefilmt und in der Folge mit einer möglichen Veröffentlichung erpresst und zu Zahlungen genötigt. Das **Funktionslicht**, das üblicherweise anzeigt, dass die Kamera aktiv ist, wird dabei manipuliert und abgeschaltet. Wesentlich häufiger passiert es aber wohl, dass man die Kamera bei Meetings versehentlich einschaltet und Einsichten gewährt, die man eigentlich nicht gewähren wollte.

Ungewolltes Mitfilmen

Die gute Nachricht ist, dass man derlei Probleme mit wenig Aufwand vermeiden kann. Externe Kameras etwa können nach der Nutzung weggedreht oder abgesteckt werden. Sofern der Laptophersteller nicht ohnehin bereits einen **Schieberegler** integriert hat, entscheiden sich viele Nutzer:innen hier für die einfachste Option, nämlich die Linse bei Nicht-Verwendung mit einem undurchsichtigen **Klebeband** abzukleben. Bei dieser Variante ist zu beachten, dass das Klebeband rückstandslos entfernbar ist, ansonsten verunreinigen Reste die Linse (kein Isolierband). Manche bringen auch einen Haftnotizzettel an. Wiederum andere besorgen sich spezielle **Webcam-Abdeckungen**. Diese sind selbstklebend und haben meist einen integrierten Schieberegler. Das kostet wenig und ist schnell befestigt. Mitunter ist eine solche Webcam-Abdeckung auch für Tablet und Handy benutzbar. Wer auch noch verhindern möchte, dass das Mikrofon auf dem Gerät mithört, kann dieses ebenfalls zukleben.

Abdeckungen mit Schiebereglern

DSGVO
Ihre Rechte

Am 25. Mai 2018 trat in der Europäischen Union (EU) eine neue Datenschutzgrundverordnung, kurz DSGVO, in Kraft. Das Regelwerk harmonisiert die Gesetzgebung im Bereich Datenschutz in der ganzen Union und räumt den knapp 450 Millionen EU-Bürger:innen eine Reihe von Rechten ein, was den Umgang mit ihren Daten betrifft.

Mehr Selbst-
bestimmung

Sie müssen **leichteren Zugang** zu den über sie gesammelten Daten haben, egal ob sie auf Servern in der EU oder in Übersee liegen. Wenn Daten in ein Nicht-EU-Land gelangen, müssen die Betroffenen einwilligen. Sie haben Anspruch auf eine **klare Information** darüber, wer ihre Daten zu welchem Zweck, wo und in welcher Form verarbeitet. Sie können sich gegen unrichtige oder unerwünschte Daten-Sammelaktionen zur Wehr setzen und auch verlangen, dass **Daten gelöscht** werden. Damit haben wir ein Werkzeug in die Hand bekommen, das uns einen ein Stück weit selbstbestimmteren Umgang mit unseren Daten ermöglicht. Zusammenfassend beinhaltet die DSGVO folgende Rechte:

- das Recht auf Geheimhaltung von personenbezogenen Daten, sofern ein schutzwürdiges Interesse daran besteht
- das Recht auf Information über die Verarbeitung von personenbezogenen Daten
- das Recht auf Zugang zu den Daten bzw. das Recht auf Auskunft (siehe ► Seite 112)
- das Recht auf Löschung von Daten, die nicht länger benötigt werden oder deren Verarbeitung unrechtmäßig ist (siehe ► Seite 113)
- das Recht auf Korrektur von falschen oder unvollständigen Daten
- das Recht auf Widerspruch gegen die Verarbeitung von Daten (siehe ► Seite 114)
- das Recht auf Einschränkung der Verarbeitung von Daten (siehe ► Seite 114)

- das Recht auf Datenübertragbarkeit an eine:n andere:n Verantwortliche:n und den Erhalt der Daten in maschinenlesbarem Format
- das Recht auf Beantragung, dass auf einer automatisierten Verarbeitung beruhende Entscheidungen, die Sie in erheblicher Weise beeinträchtigen, durch natürliche Personen und nicht ausschließlich durch Computer getroffen werden (siehe ▶ Seite 114)

Gut fünf Jahre nach dem Inkrafttreten ziehen Datenschützer:innen nun eine Bilanz. Zu ihrem Bedauern hat sich ein Aspekt zum Aufreger-Thema Nummer eins entwickelt und dadurch wichtigere Inhalte verdrängt: Die Allgegenwart der auf jeder Internetseite aufpoppenden **Cookie-Abfragen**. Durch die Banner fühlt sich laut Umfragen eine Mehrheit der Internet-Nutzer:innen gestört. Nur ein kleiner Teil gibt an, dass die Abfragen ihnen ein Gefühl der Selbstbestimmung über ihre Daten geben. Wobei unterm Strich eigentlich der Nutzen überwiegt. Mehr zum Thema Cookies lesen Sie auf ▶ Seite 35. Wie auch immer: Der Gesetzgeber hätte es sich gewünscht, dass Kernthemen wie das „Recht auf Vergessenwerden" (siehe ▶ Seite 113) und die verbesserten Regeln zum Umzug der persönlichen Daten von einem Dienstanbieter zum anderen die Diskussion prägen würden.

Aufregerthema Cookie-Abfragen

Viel hat sich auch insofern getan, als selbst die großen Technologiekonzerne aus den USA nicht mehr an der DSGVO vorbeikommen. Regelmäßig werden sie von Behörden in der EU für Verstöße abgestraft. Ein Blick auf die **Top-Ten-Geldbußen** bei Verstößen gegen die DSGVO zeigt: Unter den ersten zehn kommen ausschließlich die drei Großen der Branche, Amazon, Meta und Google, vor. In Summe wurde Meta am höchsten bestraft. Denn mit seinen verschiedenen Social-Media-Angeboten (Facebook, Instagram und WhatsApp) kommt der Konzern gleich sechsmal unter den Top Ten vor. Das Gesamtvolumen aller Strafen liegt bei 1,3 Milliarden Euro.

Hohe Strafen für die Tech-Riesen

Für die Überwachung der Einhaltung der DSGVO-Bestimmungen sind die Datenschutzbehörden der einzelnen EU-Staaten zuständig. Informationen zur österreichischen Datenschutzbehörde, FAQs zu Ihren Rechten sowie die Kontaktmöglichkeiten finden Sie online auf dsb.gv.at.

Datenschutzbehörde

DSGVO

Daten anfordern

Eines der bedeutendsten Rechte innerhalb der DSGVO ist das **Recht auf Auskunft**. Alle EU-Bürger:innen haben demnach Anspruch auf Auskunft darüber, welche Daten über sie gespeichert werden. Von diesem Recht auf Zugang zu den personenbezogenen Daten kann jederzeit Gebrauch gemacht werden. Jede Firma oder Organisation, mit der einmal ein Kontakt bestanden hat, kann angeschrieben und gefragt werden, welche Daten über die jeweilige Person gespeichert worden sind und wie diese verwendet werden und wurden.

Anfrage: Identitätsnachweis erforderlich

Die Kontaktaufnahme kann auf verschiedenen Wegen erfolgen: Manche Firmen oder Behörden haben eigene Datenschutzbeauftragte als Ansprechpersonen, andere eine eigens eingerichtete Maske auf ihrer Website. Eine vorgeschriebene Form zur Vorgangsweise gibt es nicht. Die Anfrage kann auch telefonisch oder mündlich erfolgen. Entscheidend ist nur, dass Sie Ihre **Identität nachweisen** können, denn die Unternehmen müssen abklären, ob Sie mit der abgespeicherten Person identisch sind. Bei einer Anfrage per E-Mail etwa werden Sie dem mit einem beigefügten Scan des Personalausweises oder Passes gerecht. Ist der Antrag erbracht, hat das Unternehmen maximal einen Monat Zeit, Ihnen eine kostenlose Kopie sämtlicher über Sie gesammelten Daten zu liefern.

Beispiel Amazon: ein Konvolut an Daten

Der Berg an Daten, den Antragstellende in Folge erhalten, kann ganz schön gigantisch sein, wie ein Versuch des VKI im Jahr 2021 gezeigt hat. Damals schickte Amazon der um Auskunft ersuchenden Nutzerin ein 11 MB großes Konvolut an Daten zu, das einmal mehr unter Beweis stellte, dass das Internet nicht vergisst. Zudem war aus den Unterlagen ersichtlich, dass Amazon sogenannte Schattenprofile anlegt. Selbst wenn man weder Prime-Mitglied ist noch das Spracherkennungssystem Alexa (siehe ▶ Seite 61) verwendet, kreiert Amazon vorsorglich ein **Personenprofil**.

DSGVO
Das Recht auf Vergessenwerden

Das Recht auf Vergessenwerden wurde schon 2014 vom Europäischen Gerichtshof anerkannt und ist seit der DSGVO europaweit kodifiziert. Die datensammelnden Firmen müssen diese **unverzüglich löschen**, wenn

- die Daten für den Zweck, für den sie erhoben wurden, nicht mehr notwendig sind
- die betroffene Person ihre Einwilligung widerruft
- personenbezogene Daten unrechtmäßig verarbeitet werden

Was genau unter Löschung verstanden wird, ist nicht näher definiert. Wobei das Löschen aus technischer Sicht oft schwierig sein könnte. Ein an ein Unternehmen gerichteter **Löschantrag** kann formlos erfolgen und könnte wie folgt formuliert werden:

Löschung beantragen

Ich bitte Sie, gemäß Art. 17 der Datenschutzgrundverordnung alle Daten, die Sie von mir gespeichert haben, unverzüglich zu löschen. Darüber hinaus möchte ich sichergestellt haben, dass die Löschung auch von den Stellen durchgeführt wird, denen Sie meine Daten übermittelt haben. Bitte bestätigen Sie mir, dass die Löschung umfänglich vollzogen wurde. Sollten Sie dieses Schreiben ignorieren, werde ich mich an die zuständige Datenschutzbehörde wenden. Außerdem behalte ich mir weitere rechtliche Schritte vor.

Die meisten Lösch- und Korrekturanträge richten sich allerdings an Big-Tech-Firmen, allen voran an Google. Dafür hat Google ein Onlineformular installiert; unter folgendem Link können Sie beantragen, dass bestimmte Suchergebnisse, in denen Ihr Name genannt wird, entfernt werden: reportcontent.google.com/forms/rtbf. Wie Sie – abseits der Suchtreffer – eigenständig die Sie betreffenden Nutzungsdaten aus Ihrem Google-Konto löschen oder ihre laufende Aufzeichnung unterbinden können, erfahren Sie auf ▶ Seite 47.

Anlaufstelle bei Google

DSGVO

Widerspruch einlegen

Laut Datenschutzgrundverordnung besteht die Möglichkeit, gegen die **Verarbeitung personenbezogener Daten** Widerspruch einzulegen. Die Verantwortlichen dürfen die Daten dann nicht mehr verarbeiten, es sei denn, sie können nachweisen, dass es zwingend schutzwürdige Gründe für eine Verarbeitung gibt. Wenn sich der Widerspruch gegen eine Datenverarbeitung zum Zwecke von Direktmarketing richtet, dann muss sie umgehend eingestellt werden. Wenn Daten zu wissenschaftlichen oder historischen Forschungszwecken verarbeitet werden, kann ebenso Widerspruch eingelegt werden. Wenn aber die Verantwortlichen nachweisen können, dass der Prozess zur Erfüllung einer im öffentlichen Interesse liegenden Aufgabe erforderlich ist, dann muss dem Widerspruch nicht stattgegeben werden.

Entscheidungsfindung durch Menschen

Ein weiterer wichtiger Punkt in diesem Zusammenhang betrifft die automatische Entscheidungsfindung: Hier haben die EU-Bürger:innen die Möglichkeit, zu verlangen, dass bestimmte Entscheidungen, die sie betreffen, **nicht von Computern**, sondern von natürlichen Personen getroffen werden. In der DSGVO werden solche Aktivitäten unter dem Begriff „Profiling" zusammengefasst. Gemeint ist die von Algorithmen elektronisch vorgenommene Erstellung von Identitätsprofilen (Algorithmus: eine genau festgelegte Vorgangsweise, die in einzelnen, vordefinierten Schritten abläuft). Auch Entscheidungen, die aufgrund von Profiling automatisiert erfolgen (beispielsweise über die Kreditwürdigkeit einer Person), unterliegen den Bestimmungen der DSGVO.

Einschränkung als Alternative

Zudem kann verlangt werden, das **Verarbeiten** der personenbezogenen Daten **einzuschränken**. Das Recht ist für jene Fälle gedacht, in denen ein Unternehmen einer Löschung nicht nachkommen kann, etwa wenn es dann den Vertrag nicht erfüllen könnte oder wenn es die Daten aus rechtlichen Gründen nicht löschen darf (z. B. das Finanzamt).

Digital Markets Act

Mehr Wettbewerb, mehr Rechte

Der Digital Markets Act (DMA) ist eine Verordnung der EU. Sie soll dafür sorgen, dass jene Bereiche des digitalen Sektors, die von mächtigen Firmen (sogenannten Gatekeepern) dominiert werden, wettbewerbsfähiger und fairer werden. Somit zielt das Gesetz in erster Linie auf kartellrechtliche Interessen. Aber es hat auch einen **Verbraucherschutz-Aspekt**, weil es zu neuen Vorschriften führen wird, über die sich Nutzer:innen freuen werden.

Im Wesentlichen geht es darum, Lock-in-Effekten Einhalt zu gebieten. Also dem Phänomen, dass man praktisch alternativlos an einen Anbieter gebunden ist. So kommt man derzeit etwa kaum um die Nutzung von WhatsApp herum – einerseits, weil das ganze persönliche Umfeld ebenfalls dort angemeldet ist, andererseits, weil die Mitnahme der Daten (eigentlich ein Recht, das bereits in der DSGVO verankert ist; siehe ▶ Seite 110) sowie das technische Zusammenspiel der verschiedenen Systeme (Interoperabilität) nicht vorgesehen sind. Mit der Anwendung der Verordnung wird es dann aber für WhatsApp und andere Messenger Pflicht, ihre **Kommunikationsmöglichkeiten** für Drittanbieter zu **öffnen**. Die EU hofft, dass es dadurch zu mehr Wettbewerb und einer Belebung des Geschäfts kommt.

Die Grenzen auflösen

Seit November 2022 ist die Verordnung in Kraft. Im September 2023 veröffentlichte die EU-Kommission eine Liste mit **22 Diensten**, die ab 2024 unter die DMA fallen. In diesem ersten Schritt betrifft das Gesetz folgende Gatekeeper: Betriebssysteme (Android, iOS, Windows), Browser (Chrome, Safari), soziale Netzwerke (Tiktok, Facebook, Instagram, LinkedIn), Messenger (WhatsApp, Facebook Messenger), Suchmaschinen (Google), Werbung (Google, Amazon, Meta), Videoplattformen (Youtube) und Intermediation/Vermittlung (Google Maps, Google Play, Google Shopping, Amazon Marketplace, Apple App Store, Meta Marketplace),

Vorerst 22 Plattformen betroffen

Cybercrime

Spielarten des Internetbetrugs

Internetkriminalität (englisch: cybercrime) begegnet man auf Internetseiten, in Messenger-Diensten wie WhatsApp, auf Sozialen Medien wie Facebook und Instagram, in E-Mails und SMS.

Phishing: Fischen nach Daten

Sofern nicht direkt nach Geld gefragt wird (beliebte Anbahnungsmasche: „Mama/Papa ich habe mein Handy verloren"), „fischen" die Betrüger nach **Bank- und Kreditkartendaten** sowie **Angaben zur Person**. Der Begriff dafür lautet Phishing, eine Verschmelzung von password (Passwort) und fishing (das Angeln). Typisch sind Nachrichten, die angeblich von der Bank, vom Kreditkartenanbieter, einem Paketdienst, Finanz-Online, einer Polizei- oder Zollbehörde stammen.

Gefährliche Links und Anhänge

Die Nachrichten enthalten einen **Link**, den man anklicken soll, um die Zugangsdaten zu bestätigen, eine Sicherheitsüberprüfung durchzuführen, eine (oft nur geringe) Zahlung zu tätigen oder um eine neue Sicherheits-App zu aktivieren. Die Regel ist, dass man beim Klicken oder Antippen zu einer gefälschten Internetseite weitergeleitet wird, wo man Daten eingeben, persönliche Dokumente übermitteln oder Schadsoftware installieren soll. Damit können fremde Personen Ihren **Computer übernehmen** und z. B. unter Ihrem Namen unerwünschte Werbemails (Spam, siehe ► Seite 120) verschicken. Oder es handelt sich um Programme bzw. Apps, die alle von Ihnen getätigten **Tasteneingaben** übermitteln. Diese Art von Schadsoftware wird aber auch gerne als E-Mail-Anhang getarnt. Es genügt, das Dokument im Anhang anzuklicken, um die Virusinstallation zu starten.

Beim Anbieter nachfragen

Besser nicht klicken, lautet die Devise. Im Zweifelsfall sollten Sie über den Direktaufruf der Ihnen **bekannten Internetseite** in Ihr Konto einsteigen oder beim Anbieter über öffentlich aufzufindende Kontaktmöglichkeiten nachfragen, was es mit der verdächtigen Nachricht auf sich hat.

Es braucht übrigens keine Kreditkartendaten, um Einkäufe auf Ihre Kosten zu tätigen. Name und Wohnadresse genügen, um etwa im Versandhandel eine Bestellung zu tätigen. Da **Rechnungs- und Lieferadresse** nicht identisch sein müssen, landet die Ware bei den Betrügern und die Rechnung bei Ihnen. Zwar müssen Sie die Rechnung nicht bezahlen. Nicht damit beseitigt sind aber die Scherereien und die Sorge, was die Betrüger sonst noch mit den persönlichen Daten anstellen könnten.

Identitäts-
diebstahl

Gewinnspiele und Gutscheine, die auf Facebook und Instagram kursieren, sollten mit Argwohn betrachtet werden. Im besten Fall dienen sie „nur" dem **Sammeln von E-Mail-Adressen**, damit man mit Spam bombardiert werden kann. Es kann sich aber auch um eine **Abo-Falle** handeln, und dann wird die Sache unangenehm, weil hohe Rechnungen und Drohschreiben von Anwälten folgen. Diese sind zwar zahnlos, aber der damit verbundene Ärger ist groß.

Gewinnspiele,
Gutscheine,
Abo-Fallen

Auf Plattformen wie willhaben.at werden Produkte inseriert, die als Köder dienen. Man spricht auch von Scamming oder Vorschussbetrug, weil die Betrüger auf eine Vorauszahlung abzielen. Um ihre Seriosität zu unterstreichen, übermitteln sie Kopien von Führerscheinen, Meldezetteln oder Zulassungsscheinen, wenn es etwa um einen Autoverkauf geht. Das Problem ist, dass diese Kopien auf unredliche Weise in ihren Besitz gelangt sind und sie sich **fremder Identitäten** bedienen. Leisten Sie niemals Vorauszahlungen und keine Zahlungen außerhalb der vom Betreiber der Kleinanzeigenplattform vorgesehenen Wege! Bezahlen Sie auch nicht mit der PayPal-Funktion „Geld an einen Freund senden".

Kleinanzeigen-
betrug

Das Streamen von Filmen boomt. Neben Anbietern wie Netflix, Amazon Prime Video, Disney+ oder Flimmit tummeln sich auch hier dubiose Plattformen, die mit den neuesten Filmen für wenig bis gar kein Geld locken. Oft handelt es sich um **Abo-Fallen**, zum Teil bewegt man sich bei Nutzung der Dienste aber auch im rechtlichen Graubereich, weil die Anbieter gegen Urheberrechte verstoßen.

Streaming-
Portale

Ransomware

Festplattenzugriff verwehrt

Bei Ransomware (auch: **Erpressungstrojaner**) handelt es sich um Schadprogramme, die Ihren gesamten Computer oder Teile davon verschlüsseln. Die betroffenen Dateien und Programme werden hierbei für Sie unzugänglich gemacht.

Lösegeldforderung

Der englische Begriff „ransom" steht für Lösegeld. Mit der Sperre des Computers fordern die Kriminellen einen hohen Geldbetrag, um den Computer wieder zu entsperren. Bezahlt werden soll meist mit digitalen Währungen wie Bitcoin oder PaysafeCard. Für den Fall, dass die Zahlung ausbleibt, wird damit gedroht, alle Daten auf dem Computer zu löschen. Damit mehr Leute zur Zahlung bereit sind, geben sich die Absender:innen des Schadprogramms meist als offizielle **Polizeibehörde** oder Softwarehersteller wie **Microsoft** aus. Neben Privatpersonen haben insbesondere größere Institutionen mit Ransomware zu kämpfen.

E-Mail-Anhänge, Websites, Speichermedien

Einer der geläufigsten Wege für Ransomware auf Ihren Computer sind E-Mail-Anhänge. Meist werden die Schadprogramme in eine **Archivdatei** (mit der Endung .zip oder .rar) gepackt und mittels E-Mail an Sie verschickt. Beim Öffnen der Datei infiziert die Ransomware Ihren Computer und verschlüsselt ihn. Zudem kann die Schadsoftware über aus dem Internet heruntergeladene Programme, infizierte Websites oder Clouddienste wie Google Drive oder Dropbox auf Ihren Computer gelangen. Darüber hinaus können USB-Sticks oder externe Festplatten mit Ransomware infiziert sein.

Unterschiedliche Arten

Es gibt verschiedene Arten von Ransomware. Beim sogenannten **Screen-Locker** wird Ihr Bildschirm gesperrt, wodurch Sie den Computer gar nicht mehr bedienen können. Daneben existiert der **App-Locker**, der den Zugriff auf Programme wie den Internetbrowser verhindert. Schließlich gibt es noch den **Verschlüsselungstrojaner**, der sämtliche Dateien auf dem Computer verschlüsselt und einen Zugriff auf diese unterbindet. Eines haben alle drei Versionen gemeinsam: Sie schränken Ihre Computernutzung stark ein und sind sehr schwer loszubekommen.

Das Wichtigste vorweg: Gehen Sie nicht auf die Geldforderungen ein! Es ist nicht garantiert, dass Ihr Computer nach Zahlung des geforderten Betrags wieder freigeschaltet wird. Stattdessen müssen Sie das **Schadprogramm** von Ihrem Computer **löschen**. Sofern sich das Gerät weiter bedienen lässt, tun Sie das am einfachsten, indem Sie den Computer vollständig zurücksetzen (Einstellungen > Update & Sicherheit > Wiederherstellung). Dadurch verlieren Sie allerdings sämtliche Daten – sofern Sie diese nicht zuvor gesichert hatten. Alternativ können Sie den Zustand Ihres Computers eventuell auf einen früheren Zeitpunkt (Wiederherstellungspunkt) vor dem Ransomware-Befall zurücksetzen („Systemsteuerung" ins Suchfeld eingeben > in der Trefferliste anklicken > Anzeige „Große Symbole" wählen und auf „Wiederherstellung" klicken > „Systemwiederherstellung öffnen").

Nicht bezahlen!

Am einfachsten schützen Sie Ihren Computer, indem Sie ihn regelmäßig aktualisieren. Besonders wichtig sind hier **Updates** des Betriebssystems und des Virenschutzes (siehe ► Seite 136). Zudem sollten Sie regelmäßig eine **Sicherungskopie** (Back-up) Ihrer Computerdaten erstellen (siehe ► Seite 15) und auf einem externen Speichermedium oder bei Clouddiensten speichern. Dadurch retten Sie Ihre Daten, die sonst bei einem Ransomware-Befall verloren gehen. Am besten hilft gegen Schadsoftware aber immer noch, wachsam zu bleiben. Klicken Sie nicht auf Links und öffnen Sie keine verdächtigen E-Mail-Anhänge.

Updates und Back-ups

Sind Sie Opfer einer Ransomware-Attacke geworden, sollten Sie diese bei der nächsten Polizeidienststelle zur Anzeige bringen. Kein Ersatz für die persönliche Anzeige, aber eine Information für die Cybercrime-Abteilung des Bundeskriminalamts ist das Berichten des Vorfalls an die zuständige Meldestelle bundeskriminalamt.at/mdst/cc.aspx.

Meldung und Anzeige

Spam-Mails
Unerwünscht, aber hartnäckig

Spam (auch: Junk) ist die Bezeichnung für unerwünschte **Massen-E-Mails**. Es handelt sich einerseits um die bekannten Betrugsmaschen (siehe ▶ Seite 116); andererseits werden reale (wenn auch möglicherweise gefälschte) Produkte angeboten, die (leider) durchaus Abnehmer finden.

Gut organisiert

So oder so handelt es sich um **organisierte Kriminalität**, an der Computerspezialisten beteiligt sind. Sie infizieren weltweit Computer mit Viren, um die Kontrolle über sie zu erlangen und fassen sie zu so-genannten Botnetzen zusammen. Als Absender scheinen entweder die nichtsahnenden Besitzer:innen dieser Computer auf, oder die Spammer verwenden Namen, die sie durch Identitätsdiebstahl erbeutet haben. So sind sie selbst fast nicht identifizierbar und lokalisierbar und es braucht auch auf der anderen Seite Spezialisten, um ihnen auf die Spur zu kommen (in Österreich ist das beim Bundeskriminalamt angesiedelte Cybercrime Competence Center C4 zuständig).

Kaum zu verhindern

Wer mit dem Internet in Berührung kommt, kann kaum verhindern, von **Spam-Bots**, also Robotern, die im Dienst der Spammer das Netz durchforsten, entdeckt zu werden. Auch wenn man vorsichtig ist und die eigene E-Mail-Adresse möglichst nicht öffentlich bekannt gibt oder für Anmeldungen zu Newslettern und Onlinediensten eine Zweitad-resse (beim selben oder bei einem anderen Anbieter) verwendet, dann machen vielleicht Bekannte die E-Mail-Adresse öffentlich oder der Verein, in dem man Mitglied ist. Oder es werden Datenbanken mit Kundendaten erbeutet oder die Daten virenbefallener Computer und Smartphones abgesaugt. Vermeiden sollten Sie, auf Spam zu antworten, denn damit bestätigen Sie, dass Ihre eigene Adresse aktiv ist.

Spam-Filter

Sind Sie von einer akuten Flut an Spam-Mails betroffen, dann hilft – abgesehen vom Wechsel zu einer neuen E-Mail-Adresse – nur Geduld.

Früher oder später lässt die Belästigung wieder nach. Eine gewisse Erleichterung verschaffen **Spam-Filter**, die entweder vom Internet- bzw. E-Mail-Anbieter gesetzt werden (zum Teil kostenpflichtig) oder im E-Mail-Programm bzw. in einem Internet-Sicherheitspaket (siehe ▶ Seite 136) enthalten sind.

Von den E-Mail-Anbietern werden die Mails anhand vordefinierter Kriterien automatisch gescannt und landen im Verdachtsfall im Junk- oder Spam-Ordner. Dieser befindet sich online, sodass Sie nur beim Einstieg ins Webmail (über den Browser) Einsicht nehmen können – was Sie auch tun sollten, weil es vorkommt, dass E-Mails fälschlicherweise dort landen. Nur wenige Anbieter verschicken Informations-Mails über Neuzugänge im Spam-Ordner. Es ist ratsam, als verdächtig eingestufte E-Mails **keinesfalls sofort löschen** zu lassen. Hinzu kommt, dass die Spam-Filter lernfähig sind. Je öfter Sie E-Mails manuell als „Spam" oder „Kein Spam" markieren, desto genauer arbeiten die Filter.

E-Mail-Anbieter

Die gängigen E-Mail-Programme für Computer und Smartphone sind gleichfalls lernfähig. Auch hier gilt: Wenn Sie eine E-Mail **als Spam markieren**, dann ist das Programm zunehmend in der Lage, gleichartige Mails zu erkennen. Umgekehrt lässt es irrtümlich als Spam klassifizierte Mails in Zukunft unberücksichtigt. Keinesfalls sollten Sie verdächtige E-Mails ungesehen automatisch löschen lassen.

Lernfähig

Ein Problem für die Spam-Filter sind die laufend wechselnden Absenderadressen. Deshalb ist das Setzen **individueller Filterregeln** eine Alternative. Alle gängigen E-Mail-Programme bieten eine solche Funktion, bei der man über den Betreff bzw. den Inhalt der E-Mail filtern kann. Ein Beispiel für eine individuelle Filterregel ist: „Alle E-Mails mit dem Wort Viagra in den Spam-Ordner verschieben".

Filterregeln erstellen

Darüber hinaus können Sie spezielle Erweiterungen für das E-Mail-Programm nutzen, die verdächtige E-Mails erkennen und blockieren können, so etwa das kostenfreie Tool **„Spamfighter"** (spamfighter.com/spam fighter).

Hilfreiche Erweiterung

E-Mails

Sorgsamer Umgang

Um die Sicherheit und Zuverlässigkeit der elektronischen Post ist es in mehrfacher Hinsicht schlecht bestellt. Es beginnt damit, dass Sie bei einer E-Mail nie sicher sein können, dass sie die adressierte Person erreicht. Das Anfordern einer **Lese- oder Übermittlungsbestätigung** ist nicht überall möglich und nur dann hilfreich, wenn der E-Mail-Anbieter diese Services überhaupt technisch unterstützt und der:die Empfänger:in die Rückmeldung zulässt.

Spam-Filter
Die an sich sinnvollen Spam- oder Junk-Mail-Filter (siehe ▶ Seite 120) können E-Mails fälschlicherweise „schlucken". Zum Teil geschieht dies auf den Endgeräten, zum Teil bereits anbieterseitig online. Oder das Empfänger-Postfach ist voll und die E-Mail kann nicht zugestellt werden. Ob in diesem Fall eine Fehlermeldung zurückkommt (meist „Mailer Daemon" oder „Delivery Status Notification"), ist gleichfalls anbieterabhängig. Man kann sich also nicht darauf verlassen.

Klartext
Womit wir beim eigentlichen Thema sind. Eine E-Mail durchläuft bei der Übertragung zumindest **drei bis vier Stationen** oder Knotenpunkte: Sie verfassen eine Nachricht auf Ihrem Computer oder Smartphone und senden sie ab. Damit wird sie an den Server (ein Computer, der die Abwicklung des E-Mail-Verkehrs zur Aufgabe hat) Ihres Anbieters weitergeleitet. Von dort aus geht sie (möglicherweise über weitere Zwischenstationen) an den Server jenes Anbieters, bei dem die von Ihnen angeschriebene Person ihr E-Mail-Konto hat. Im letzten Schritt landet die Nachricht auf dem Computer oder Smartphone dieser Person. Zwar ist die sogenannte **Transportverschlüsselung (TLS)** Standard. Sie bezieht sich aber nur auf die Verschlüsselung unterwegs, also auf dem Weg zwischen den genannten Stationen. Sowohl auf den beiden Endgeräten als auch auf den Servern liegen die E-Mails im Klartext vor, d. h. ähnlich wie bei einer Postkarte ist ihr Inhalt offen zugänglich.

Theoretisch kann jede Person, die darauf Zugriff hat, den Inhalt der E-Mails lesen. In der Praxis gibt es drei Szenarien, in denen das tatsächlich mitunter stattfindet: Erstens im Rahmen einer **kriminellen Aktion**, mit der sich jemand (mithilfe von Schadsoftware oder technischen Hilfsmitteln) Zugriff auf ein Endgerät oder einen Server verschafft. Zweitens im Zuge **behördlicher Ermittlungen** zu einer Straftat, wo die Anbieter zur Herausgabe von Daten verpflichtet werden können (in den USA einfacher als in Europa). Drittens wenn der **E-Mail-Anbieter** den Inhalt der Nachrichten nicht nur auf Spam und Viren analysiert, sondern – wie es bei Anbietern mit Sitz außerhalb von Europa bereits geschehen ist – auch um Informationen für die Schaltung personalisierter Werbung zu sammeln.

Zugriff möglich

Als Lösungen bieten sich einerseits Zurückhaltung betreffend die Vertraulichkeit der E-Mail-Inhalte und andererseits die Ende-zu-Ende-Verschlüsselung direkt auf den beteiligten Endgeräten an. Die ist allerdings eine gewisse Herausforderung. (Kostenlose) Software, mit deren Hilfe dies auch Durchschnittsnutzer:innen gelingen kann, findet man auf openpgp. org. Unter diesen gibt es die (relativ einfache) Möglichkeit, mithilfe des Browser-Add-ons **Mailvelope** gängige Gratis-Webmaildienste wie GMX, Outlook.com oder Gmail im Browser zu verschlüsseln. Allerdings ist die Nutzbarkeit auf die Computer-Versionen der Browser beschränkt. Wobei sich bei den Gratis-Anbietern auch die Frage nach deren Umgang mit den Daten der Nutzer:innen stellt. Wer (zusätzlich zur Verschlüsselung) auch hier auf Anonymität Wert legt, muss zu einem kostenpflichtigen Dienst wie Mailbox.org oder Posteo greifen (siehe ▶ Seite 79).

Ende-zu-Ende-Verschlüsselung

Das alles löst aber nicht das grundsätzliche Problem der Ende-zu-Ende-Verschlüsselung von E-Mails, nämlich ihre geringe Verbreitung. Solange das Gegenüber nicht dieselbe Technik einsetzt, um verschlüsselte Mails ohne Umwege auf dem eigenen Gerät wieder lesbar zu machen, ist die Verschlüsselung **nicht alltagstauglich**.

Geringe Verbreitung

Heilsversprechen und Liebesbetrug
Unrealistisch

Übertriebene Versprechungen, Angebote, die schnell wieder weg sind und daher sofort gekauft und im Voraus bezahlt werden müssen, dazu ungenügende Informationen zum Angebot und zum Verkäufer: Das Internet ist leider voll von betrügerischen Aktivitäten, die auf schnelles, leicht verdientes Geld abzielen (siehe auch ► Seite 116). Die Opfer werden mit übertriebenen Heilsversprechen und anderen unrealistischen Lockangeboten geködert.

Unrealistische Verheißungen

Hier einige Beispiele, bei denen Ihre Alarmglocken schrillen sollten:

- „Verlieren Sie zehn Kilo in einer Woche ohne Diät oder Bewegung".
- „Heilen Sie Ihre chronischen Schmerzen mit unserem natürlichen Heilmittel in nur einer Woche."
- „Finden Sie Ihren Seelenverwandten in nur einer Woche mit unserem einzigartigen Partner-Matching-System."
- „Erhalten Sie eine kostenlose Probe unseres Wunderprodukts, das Ihre Haut in nur sieben Tagen strafft und verjüngt."

Auch hier gilt: Alles, was zu gut klingt, um wahr zu sein, ist auch tatsächlich nicht wahr. Daher ist es wichtig, **skeptisch** zu bleiben und zu recherchieren, bevor man auf im Netz gemachte Versprechungen eingeht. Lesen Sie die Bewertungen auf kritische Art und suchen Sie nach unabhängigen Informationen zum Anbieter und zu seinem Angebot.

Liebesbetrug: ein weitverbreiteter Spezialfall

Bei dieser besonders perfiden Form von Verbrechen (auch **Love Scamming** genannt) sind die Kriminellen darauf aus, schnell eine emotionale Bindung zu ihren Opfern aufzubauen. Wenig später bitten sie dann um Geld, das sie aus irgendwelchen Gründen dringend benötigen. Folgende Anhaltspunkte können darauf hinweisen, dass Sie es mit einem Fall von Liebesbetrug zu tun haben:

- Schnelle und intensive Annäherung. Die Person versucht rasch eine Bindung aufzubauen, indem sie zum Beispiel intensiv romantische oder liebevolle Nachrichten verschickt.
- Vermeidung von persönlichen Treffen. Die Betrüger:innen finden stets Ausreden, wenn es darum geht, persönliche Treffen zu vermeiden. Zum Beispiel sind sie plötzlich erkrankt oder müssen beruflich auf Reisen.
- Geldanfragen. Das Gegenüber bittet um Geld, z. B. für eine medizinische Notfallbehandlung für ihn oder einen nahen Verwandten, für Reisekosten oder für andere unerwartete Ausgaben.
- Widersprüchliche Geschichten. Die Bekanntschaften im Netz erzählen gerne Geschichten über ihre Vergangenheit, Arbeit oder Familie, die bei näherer Betrachtung widersprüchlich sind.
- Drängen auf schnelle Entscheidungen. Die Betrüger:innen versuchen meist, das Opfer dazu zu drängen, schnell zu handeln, ohne die Möglichkeit zu haben, andere Personen um Rat zu fragen oder das Angebot gründlich zu prüfen.

Natürlich werden in diesem Zusammenhang auch **gefälschte Profile** mit falschen Informationen und Bildern verwendet, um die potenziellen Opfer zu täuschen. Dies ist grundsätzlich schwer zu durchschauen, und noch schwieriger, falls die Unterlagen und Informationen aus Datendiebstählen (etwa als Folge von Phishing, siehe ▶ Seite 116) stammen und entsprechend glaubwürdig wirken.

Wenn Sie Opfer eines Betrugs geworden sind, dann brechen Sie den Kontakt zu der Person sofort ab. Sammeln Sie **Beweise** wie Nachrichten, E-Mails, Fotos und sonstige Dokumente. Zeigen Sie den Betrug unbedingt bei der Polizei an. Auch eine Meldung an die Internetplattform, auf der Sie die Person kennengelernt haben, ist sinnvoll. Genieren Sie sich nicht, dass Ihnen so etwas passiert ist, Sie sind mit dieser Erfahrung bei Weitem nicht allein! Hinter dem Spruch „Liebe macht blind" steckt viel Wahres. Oft ist es auch ratsam, sich Unterstützung von Freunden oder Familie oder auch professionelle Hilfe zu holen, da ein solches Erlebnis emotional sehr belastend sein kann.

Einem Betrug aufgesessen – was nun?

Schnelles Geld

Zu schön, um wahr zu sein

Geldverdienen, ein Klacks! Passives Einkommen, Network-Marketing: Es gibt viele Angebote im Netz, die schnelles und leicht verdientes Geld versprechen. So gut wie immer sind es große Verheißungen, auf die große Enttäuschungen folgen. Das meiste davon sind unseriöse Geschäftspraktiken und Betrügereien. Hier sind einige Beispiele. Die Konzepte dahinter sind oft nicht neu, nur die Vertriebskanäle sind es.

Pyramiden-systeme

Pyramidensysteme sind wesentlich älter als das Internet, die Idee dahinter ist aber über die Jahrzehnte dieselbe geblieben. Dabei werden Menschen ermutigt, in eine bestimmte Geschäftsidee zu investieren und andere zu rekrutieren, um über **Provisionen** Geld zu verdienen. Die Einnahmen kommen hauptsächlich von den neu rekrutierten Mitgliedern, die wiederum erneut dazu gebracht werden sollten, weitere Mitglieder zu werben. Fest steht: Das System ist illegal und darauf ausgelegt, dass nur wenige an der Spitze profitieren. Der folgende Ausschnitt eines von einer Journalistin mitgeschnittenen Anwerbegesprächs zeigt, wie die Methode funktioniert. Zuerst verspricht der Betrüger seiner Gesprächspartnerin einen riesigen Geldregen in kurzer Zeit, woraufhin sie fragt, was sie dafür tun müsse. Er antwortet: „Erst bringst du 5.000 Euro rein. Wenn du eine Freundin ins Boot holst, und die bringt 5.000 Euro mit rein, und die Freundin der Freundin bringt auch 5.000 mit rein, dann wird der Umsatz auf deinem Konto gezählt. Dann bekommst du Provision."

Multi-Level-Marketing (MLM)

Diese Unternehmen verkaufen in der Regel Produkte wie Nahrungsergänzungsmittel oder Kosmetika. Die Verkäufer:innen verdienen Geld durch den Verkauf an Kund:innen und durch die **Rekrutierung neuer Verkäufer:innen**, die dann einen Teil ihres Einkommens wieder an die Person, die sie rekrutiert hat, abgeben müssen. In vielen Fällen handelt es sich grundsätzlich schon um legitime Geschäftspraktiken. Trotzdem kann es riskant sein, sich voll darauf einzulassen, weil die lukrativere

Einnahmequelle trotzdem nicht der Verkauf von Produkten ist, sondern das Anwerben neuer Verkäufer:innen.

Reich werden ohne eigenes Zutun

Manche Systeme aus dem Finanzsektor versprechen, dass Sie schnell reich werden können, indem Sie bestimmte Produkte kaufen oder Dienstleistungen nutzen. Sie versprechen hohe Gewinne, ohne dass Sie etwas dafür tun müssen. Meistens sind sie teuer und erfordern eine **hohe Anfangsinvestition** (à la „zahlen Sie XX Euro auf ein Trading-Konto ein und die Trader vermehren das Geld"). In jüngster Zeit ist die Anlage in Kryptowährungen als aktueller Trend ins Spiel gekommen. Dies ändert aber nichts daran, dass es sich um hoch riskante Investments handelt und die Gefahr, dass das veranlagte Geld verloren geht, immens hoch ist. Wir können nur raten, die Finger davon zu lassen. Das Verlustrisiko ist definitiv zu hoch, auch weil man nie wissen kann, ob es sich nicht von Haus aus um einen Betrug handelt und das investierte Geld sofort weg ist.

Online-Umfragen

Online-Umfragen tauchen oft im Zusammenhang mit Phishingversuchen auf, also dem Sammeln persönlicher Daten für betrügerische Zwecke. Andererseits gibt es im Internet tatsächlich einige mehr oder weniger seriöse Anbieter, bei denen Sie – nach persönlicher Registrierung – Geld (oder Warengutscheine) verdienen können, indem Sie an Umfragen zu den unterschiedlichsten Themen teilnehmen. Diese Umfragen sind jedoch in der Regel zeitaufwendig und der pro Umfrage verdiente Betrag ist im Vergleich dazu gering. Es ist auch nicht möglich, an sämtlichen Umfragen des Anbieters teilzunehmen, da jedes Mal vorab abgeklärt wird, ob Sie überhaupt zur Zielgruppe gehören. Es handelt sich unterm Strich eher um ein **Taschengeld** als um ein Nebeneinkommen, das dabei herausschaut. Beachten Sie als Ergänzung zum Thema auch den Beitrag über das (oft illegale) Online-Glücksspiel auf ▶ Seite 128.

Online-Glücksspiel
Legal oder illegal?

Im österreichischen **Glücksspielgesetz** ist ein Quasi-Monopol definiert, wonach nur teilstaatliche Betreiber auch für das Glücksspiel im Internet Konzessionen bekommen. Die einzige zugelassene Spielplattform ist win2day.at. Online-Sportwetten sind hingegen auch ausländischen Unternehmen erlaubt und für inländische Anbieter in Landesgesetzen der Bundesländer definiert.

Alles andere ist illegal!

Da Online-Glücksspiel bei ausländischen Casinos als illegal gilt, kann eine Zuwiderhandlung **strafrechtlich** verfolgt werden. Allerdings konzentriert sich die österreichische Exekutive auf die Anbieter und nicht auf Spieler:innen. Es überrascht deshalb nicht, dass ausländische Konkurrenten von win2day wie Bwin, Mr. Green, LeoVegas, Interwetten Casino oder Pokerstars hierzulande aufgrund massiver Werbung bekannt sind und trotz formeller Illegalität Kund:innen finden. Immer wieder treten aber **Probleme** auf, etwa mit nicht ausbezahlten Gewinnen, gesperrten Nutzerkonten oder hohen Verlusten.

Was können Geschädigte tun?

Viele Betroffene wissen nicht, dass sie **Spielschulden**, die sie bei ausländischen Spielplattformen oder Online-Casinos gemacht haben, rückfordern können – eben weil diesen Firmen die Lizenz in Österreich fehlt. Stolze 70 Prozent der weltweit erfolgreichsten Spiele-Websites beziehen ihre Lizenz von nur 8 der wichtigsten Gerichtsbarkeiten für Online-Glücksspiele, 6 Länder davon erwirtschaften gar ihren Hauptgewinn aus der Glücksspielindustrie. In der EU reduziert sich die Zahl der relevantesten Akteure auf Malta, Gibraltar, Curaçao und die britischen Kanalinseln.

Lizenzfrage

Vorerst gilt es herauszufinden, mit welcher **Lizenz** die Webseitenbetreiber agieren, um zu wissen, an welche Kontrollbehörde man seine Beschwerde richten kann. Sollte es sich um eine der geläufigsten Lizenzen – MGA (Malta) oder GRA (Gibraltar) – handeln, ist es ratsam, bei diesen staatlichen Kontrollbehörden ganz offiziell eine schriftliche und kostenfreie Beschwerde einzureichen. Voraussetzung ist, dass sich Geschädigte bereits beim Online-Casino beschwert und selbst um eine **Lösung** bemüht haben. Sollte binnen einer Woche vom Casino keine Antwort oder eine Absage kommen, ist es ratsam, abermals schriftlich kundzutun, dass man damit nicht einverstanden ist. Mit diesem Mailverkehr ausgestattet, kann über die offiziellen Mailkontakte der Behörden eine **Beschwerde** eingereicht werden. Für den offiziellen Beschwerdeprozess sollte man sich jedenfalls mit Beweisunterlagen wie Screenshots, Zahlungsnachweisen und gespeichertem Mailverkehr vorbereiten.

Als Alternative ist die Beauftragung eines **Prozesskostenfinanzierers** überlegenswert. Im Erfolgsfall vor Gericht behält dieser einen Anteil von etwa einem Drittel der erstrittenen Schadenssumme als Honorar ein. Falls die Klage verloren wird, übernimmt die Firma die gesamten Prozesskosten. Bei einem außergerichtlichen Vergleich mit dem Online-Casino behalten Prozesskostenfinanzierer meist rund die Hälfte des Honorars ein, welches sonst anfallen würde, wenn es zum Gerichtsentscheid im Sinne der Anklage käme.

Erstattungs-klagen

Die Oberlandesgerichte Wien und Innsbruck haben im Herbst 2020 bestätigt, dass Anbieter ohne österreichische Konzession **Schadenersatz** leisten und Einsätze zurückzahlen müssen. Im Juni 2021 hat der Oberste Gerichtshof ebenso eine Berufung einer in Gibraltar ansässigen Spielplattform abgelehnt. Somit haben Klagen dieser Art, die auf fehlenden Lizenzen ausländischer Online-Casinos basieren, sehr gute Erfolgschancen. Da Glücksspielverluste aus dem Titel des Schadenersatzes und des Bereicherungsrechts geltend gemacht werden können, sind sie **30 Jahre** lang rückforderbar.

Gute Erfolgs-chancen

Weitere Informationen und Hilfestellung erhalten Sie beim Europäischen Verbraucherzentrum (EVZ) Österreich (europakonsument.at).

Weitere Informationen

Fake-Shops

Betrug erkennen

Fake-Shops sind auf unterschiedlichste Zielgruppen und auf gerade gefragte Artikel ausgerichtet. Sie kommen und gehen von einem Tag auf den anderen. Möchten Sie in einem Shop zum ersten Mal einkaufen, sollten Sie versuchen festzustellen, ob er seriös ist: Gibt es eine **Anschrift**, ein **Impressum** sowie verständliche **AGBs** und eine **Datenschutzerklärung**? Googeln Sie nach dem Anbieternamen und allfälligen (glaubhaft klingenden) Erfahrungsberichten und Bewertungen anderer Kunden.

Firmenadresse bekannt?

Manche Fake-Shops haben ein vermeintlich vollständiges und seriös wirkendes Impressum. Die Daten sind allerdings meist frei erfunden oder gestohlen. Überprüfen Sie die Angaben, indem Sie beispielsweise die **Umsatzsteuer-Identifikationsnummer (UID)** oder den **Firmennamen** durch eine Suchmaschine jagen. Dadurch sehen Sie, ob die Nummer gültig ist oder die Daten von anderen Webseiten kopiert wurden. Suchen Sie auch nach den angeblichen Firmenadressen. Häufig existieren diese gar nicht oder befinden sich mitten in Wohngebieten, was sich eventuell auch mithilfe eine Online-Kartendienstes wie z. B. Google Maps verifizieren lässt.

Hilfestellung

Zusätzlich gibt es eine **Fake-Shop-Liste** auf watchlist-internet.at, die freilich niemals vollständig sein kann. Hilfestellung bietet weiters das in Österreich entwickelte Programm „Fake-Shop Detector" (fakeshop.at), das man im Browser installiert. Zertifikate und Gütesiegel wie „Trusted Shops", das Österreichische E-Commerce-Gütezeichen oder das deutsche EHI-Siegel sind mangels einheitlicher europaweiter Regelung bedingt hilfreich.

Vorsicht auch auf Amazon

Der Online-Handelsriese Amazon verkauft bekanntlich nicht nur eigene Produkte, sondern bietet über **Amazon-Marketplace** anderen Händlern eine Verkaufsplattform. Hier kommt der Vertrag nicht zwischen Ihnen und Amazon zustande, sondern zwischen Ihnen und dem jeweiligen Händler. Die Plattform wird auch von Fake-Shops genutzt. Die Profilseiten und Angebote dieser Händler sind sehr gut gemacht und Fälschungen nur schwer zu erkennen. Ebenso wie andere Fake-Shops im Netz sind sie aber auch schnell wieder verschwunden.

Seien Sie skeptisch, wenn Shops die Ware ausschließlich auf Vorkasse anbieten. Mitunter werden andere Zahlungsmöglichkeiten zwar erwähnt, aufgrund von „unerwarteten" technischen Problemen steht dann aber doch wieder nur Vorkasse zur Verfügung. **Hände weg** auch von Bargeldtransfer-Diensten wie Western Union, MoneyGram & Co! Sicherer ist im Internet grundsätzlich die Bezahlung mit Kreditkarte, PayPal, Nachnahme oder Zahlschein (siehe ► Seite 64ff). Bei Kreditkarte und PayPal gibt es einen **Käuferschutz**, der die Chancen erhöht, im Betrugsfall das Geld zurückzubekommen. Verwenden Sie bei PayPal aber keinesfalls die Option „Geld an Freunde oder Familie senden", die von Anbietern mitunter vorgeschlagen wird. Hier gilt nämlich der Käuferschutz nicht. Wichtig! Die Übertragung persönlicher Daten bei Käufen im Netz erfolgt immer verschlüsselt. Das ist an dem Kürzel https in der Adresszeile des Browsers und an dem Vorhängeschloss-Symbol mit geschlossenem Bügel erkennbar.

Keine Vorkasse!

Betrügerische Webshops sind meist **konkurrenzlos günstig**. Aber auch im Internet wird nichts verschenkt. Gute Ware hat immer ihren Preis. Vergleichen Sie daher vor einem Einkauf den Preis (inklusive Versandspesen!) mit dem Marktwert, beispielsweise auf Vergleichsportalen wie geizhals.at oder idealo.at. Fehlt der Anbieter Ihres Schnäppchens in diesen Preisübersichten, könnte das ein erster Hinweis auf einen Fake-Shop sein.

Preisvergleich macht sicher

Im Falle eines Betrugs, bei dem Sie einen finanziellen Schaden erlitten haben, wenden Sie sich an die nächste Polizeidienststelle, um Anzeige zu erstatten. Eine Meldung ans Bundeskriminalamt ist ebenfalls möglich, ersetzt aber nicht die Anzeige: bundeskriminalamt.at/mdst/cc.aspx.

Betrugsanzeige

Dark Patterns
Tarnen, täuschen, verwirren

Wenn wir im Internet oder in Apps zu voreiligen Klicks verleitet werden, dann spricht man von „Dark Patterns" (dunklen Mustern). Am weitesten verbreitet sind die folgenden Tricks.

Information verstecken. Schaltflächen wie „Weiter" oder „Akzeptieren" springen ins Auge, wichtige Details wie Zusatzkosten und Mindestbestellmengen sind schlecht auffindbar.

Vergleiche verhindern. Merkmale und Preise werden auf komplexe Weise kombiniert, für den Vergleich wesentliche Informationen sind schwer zu finden.

In eine Richtung stupsen. Die teurere Option ist einfach zu haben und stärker hervorgehoben (z. B. grüne Schaltfläche), die vorteilhafte ist farblos oder rot oder klingt komplizierter.

Vorauswahl. Voreingestellte Standardoptionen erwecken den Eindruck, dass die Vorauswahl vorteilhaft wäre oder es keine andere Möglichkeit gäbe, um im Vorgang weiterzukommen.

Voller Warenkorb. Durch den schnellen Bezahlvorgang übersieht man aus Unachtsamkeit möglicherweise Artikel oder kostenpflichtige Zusatzdienste, die der Shop-Betreiber in den Warenkorb gelegt hat.

Schwieriges Storno. Anmelden ist einfach, Abmelden oder Kündigen sehr schwierig.

Ermüdung und Verwirrung. Man sucht Infos, möchte Standardeinstellungen ablehnen oder Einstellungen ändern (etwa bei der Cookie-Zustimmung), muss sich dabei aber durch verschachtelte Menüs und mühsame Navigation bewegen.

Erzwungene Handlung. Wünscht man etwa einen Kostenvoranschlag oder eine Auskunft, erhält man diese angeblich nur, wenn man nachteiligen Anweisungen (Registrierung, Zustimmung) folgt. Oft wäre die Leistung aber auch ohne den aufgedrängten Schritt oder die unnötige Anmeldung erhältlich.

Erzwungene Fortsetzung. Websitebetreiber bzw. Anbieter von Apps bieten kostenlose Testversionen an und verlangen im Gegenzug vorab die Kreditkartennummer. Endet der Probezeitraum, startet automatisch ein kostenpflichtiges Abo. Oft in Kombination mit anderen Dark Patterns, welche die Aufmerksamkeit von einer fristgerechten Kündigung ablenken. Die automatische Abo-Verlängerung ist nach deutschem Recht möglich, nach österreichischem Recht nur nach erneuter schriftlicher Verständigung, dass die Verlängerung bevorsteht.

Trickfragen. „Möchten Sie zum halben Preis auch die Deluxe-Version des Produkts kaufen?" Im Bestellvorgang stellen Anbieter eine Frage, die zu weiteren Käufen oder einer höherpreisigen Variante verleitet. Meist in Kombination mit dem Vorgaukeln angeblicher Ersparnisse.

Sozialer Druck, Spiel mit Gefühlen. „92 Prozent unserer Kund:innen bleiben bei uns." – Bei Unsicherheit ahmen wir gerne Handlungen anderer nach. Das wird im Onlineshopping durch echte oder unechte Testimonials und Erfahrungsberichte ausgenutzt. Negatives Feedback wird nicht angezeigt.

Beschämung. „Nein, ich möchte kein Geld sparen" oder „Willst du wirklich auf all diese Vorteile verzichten?" Betreiber verwenden verwirrend-manipulative Ausdrücke. Sie verunsichern, damit die Kund:innen ihnen die Stange halten.

Verdrehte Bestätigung. Indem Anbieter die vorherige oder gewohnte Reihenfolge von Zustimmung und Ablehnung vertauschen, lassen sie einen auf etwas klicken, das man gar nicht möchte.

Vorgetäuschte Dringlichkeit. „Sieben andere schauen sich das Produkt gerade an", „Nur noch zwei auf Lager". Mit der abnehmenden Stückzahl eines angeblich begehrten Gutes wird Stress erzeugt.

Getarnte Werbung. Werbung muss eigentlich als Werbung erkennbar sein. Getarnte Werbeanzeigen sehen wie ein normaler Teil der Seite aus und werden eher angeklickt.

Daten abpressen. Beim sogenannten Privacy Zuckering geht es um das Absaugen persönlicher Daten, die weiterverkauft werden. Die Informationen über die Datenweitergabe sind in schwer handhabbaren Nutzungsbedingungen versteckt und in der Regel unverständlich. Die Zustimmung ist nahezu zwingend, Teile der Bedingungen abzulehnen ist unmöglich, möchte man den Dienst nutzen.

Sicherheit am Handy

Virenschutz

Anders als beim Computer (siehe ► Seite 136) gibt es für Smartphones **keine uneingeschränkte Empfehlung** zur Nutzung eines Sicherheitsprogramms. Sich selbst verbreitende Viren gibt es hier nicht, alle Apps laufen in ihrer individuellen Umgebung (Sandbox = Sandkiste) weitgehend isoliert voneinander und vom System. Schwachpunkte der Sandbox sind die notwendigen Schnittstellen hin zu Systemfunktionen und anderen Apps – und dies in Kombination mit dem Faktor Mensch.

Was Sicherheits-Apps leisten

Vorsicht ist in jedem Fall geboten. Wenn Sie im Umgang mit Smartphone und Internet unsicher sind, können Sie sich aber durch eine Sicherheits-App in gewissen Bereichen Unterstützung holen.

Schadsoftware

Schadsoftware (auch Malware genannt) installiert sich auf Smartphones in der Regel nicht selbst. Ziel von Betrügern ist es, Sie durch Links, Empfehlungen etc. dazu zu bringen, eine bestimmte App herunterzuladen. Im Moment des Downloads sollte die Malware-Erkennungsfunktion der Sicherheits-Apps greifen. Damit es gar nicht erst so weit kommt, sollten Sie Apps ausschließlich aus dem Google Play Store herunterladen – und sogar dort jene meiden, die erst vor Kurzem ins Angebot aufgenommen wurden.

Diebstahl

Diebstahl ist ein großes Thema – nicht nur, weil Unbefugte möglicherweise auf Ihre Kosten telefonieren. Kann der Dieb das Gerät entsperren, erlangt er Zugriff auf die Einstellungen und gespeicherte Daten. Auch Phishing-Angriffe auf Ihre Kontakte sind denkbar. Schutz bieten aus der Ferne (per Browser oder App) aktivierbare Ortungs-, Lösch- und Sperrmöglichkeiten für das Gerät. Eine solche **„Anti-Theft"-Funktion** (Theft = Diebstahl) haben nicht nur Sicherheits-Apps, sondern auch Google selbst unter „Mein Gerät finden" (android.com/find). Die vorab zu schaffenden Voraussetzungen dafür:

- Sie sind in einem Google-Konto angemeldet.
- Die Option „Standort" ist aktiviert.
- Die Funktion „Mein Gerät finden" ist aktiviert.
- Die Option „Letzten Standort speichern" sollte aktiviert sein.
- Google Play muss installiert sein.
- Sie müssen einen Back-up-Code für die Bestätigung in zwei Schritten (siehe ► Seite 142) erstellen.
- Das Smartphone ist über eine mobile Datenverbindung oder WLAN mit dem Internet verbunden.

Bei alternativer Nutzung einer Sicherheits-App sind die Voraussetzungen vergleichbar. Achtung! Nicht jede App kann bei Abschaltung der Ortungsdienste oder des Geräts die letzte ermittelte Position melden.

Phishingfilter in den Sicherheits-Apps bieten einen gewissen Schutz, entbinden einen aber nicht davon, die Augen offen zu halten, sich nicht über Links in E-Mails anzumelden und im Zweifelsfall lieber zuerst über die **offiziellen Kanäle** bei dem als Urheber genannten Unternehmen nachzufragen (siehe auch ► Seite 116). Ergänzend müssen wir die Abzocke nennen. Hier wird durch Installation einer App oder Antippen eines Werbebanners überraschend ein **kostenpflichtiges Abo** abgeschlossen. Ein Szenario, bei dem Sicherheits-Apps allerdings keinen präventiven Beitrag leisten. Wenden Sie sich umgehend an Ihren Mobilfunkanbieter, wo Sie nicht nur Beschwerde gegen die Abbuchung einlegen, sondern auch eine zukünftige Sperre für solche kostenpflichtigen „Dienstleistungen" einrichten lassen können. Vergessen Sie nicht, das Abo zu beenden.

Phishing und Abzocke

Kostenpflichtige Abos sind auch bei den Sicherheits-Apps das Thema, wenn Sie ihren vollen Funktionsumfang nutzen möchten. Der Abschluss erfolgt entweder direkt in der App (**In-App-Kauf**) oder über die **Play-Store-App**, in der Sie mit Ihrem Google-Benutzerkonto angemeldet sein müssen. Möchten Sie das Abo beenden, dann müssen Sie es – laut den Nutzungsbedingungen – rechtzeitig kündigen. Dies geschieht über die Play-Store-App. Tippen Sie auf Ihr Profilbild und danach auf „Zahlungen und Abos" sowie „Abos". Dort wählen Sie die betreffende App, tippen auf „Abo kündigen" und folgen den weiteren Anleitungen.

Abos abschließen und beenden

Sicherheit am PC
Virenschutz und Firewall

Die zeitnahe Durchführung der von Microsoft oder anderen Software-anbietern bereitgestellten Updates ist die Grundvoraussetzung für die sichere Nutzung von Computern. Zusätzlich sollten die Geräte vor Malware (Schadsoftware) geschützt werden.

Mehr als nur Virenerkennung

Bezeichnungen wie Virenschutz, Virenscanner, Antivirenprogramm oder Antivirus sind gängig, beschreiben aber nur einen Teilbereich. Schon der Funktionsumfang der kostenlosen Virenscanner geht über die reine Virenerkennung hinaus. Die umfassenden **Schutzpakete** mit Jahresabo überwachen E-Mails, Internetseiten, USB-Sticks, Festplatten sowie Online-Speicher, erkennen Phishingversuche und Ransomware-Attacken (siehe ▶ Seiten 116 und 118), bieten Kinderschutzfunktionen etc. Sie können vor allem dann hilfreich sein, wenn Sie selbst über geringe Computer- und Interneterfahrung verfügen. Bewährte Schutzpakete stammen etwa von den Firmen Avast, Bitdefender, Eset, G Data oder Norton.

Windows-Sicherheit

Wenn Sie mit den Tücken der digitalen Welt einigermaßen vertraut sind, kommen Sie auch mit den **kostenlosen Versionen** zurecht bzw. können Sie sich alternativ auf jene Werkzeuge verlassen, die unter der Bezeichnung „Windows-Sicherheit" (früher: „Windows Defender") mit den Betriebssystemen Windows 10 und 11 mitgeliefert werden. Sie finden sie über die „Einstellungen" (Windows-Startbutton, Zahnrad-Symbol) im Bereich „Update & Sicherheit". Danach klicken Sie auf „Windows-Sicherheit" und „Windows-Sicherheit öffnen". Unter „Sicherheit auf einen Blick" sind die wichtigsten Schutzbereiche aufgeführt. Im Idealfall sind alle mit grünen Häkchen versehen, ein orangefarbenes Warndreieck weist auf Handlungsbedarf hin. Unter „Viren- & Bedrohungsschutz" und „Updates für Viren- & Bedrohungsschutz" können Sie überprüfen, ob die Sicherheitsinformationen aktuell sind. Das ist entscheidend dafür, dass Windows auch neuere Bedrohungen erkennen kann. Etwas weiter oben können Sie eine Schnellüberprüfung durchführen, etwa wenn sich der Computer auffällig verhält.

Ganz unten findet sich der Bereich „Ransomware-Schutz". Gegen sogenannte **Erpressungstrojaner** können Sie über „Ransomware-Schutz verwalten" den „Überwachten Ordnerzugriff" aktivieren. Unter „Geschützte Ordner" können Sie Ihre wichtigsten Daten vor fremdem Zugriff schützen. Dann dürfen nur noch als vertrauenswürdig eingestufte Programme darauf zugreifen. Blockiert Windows ein Programm, das Sie weiter nutzen möchten, können Sie es über „App durch überwachten Ordnerzugriff zulassen" auf eine Positivliste, eine sogenannte Whitelist, setzen lassen. Programmen, die darin verzeichnet sind, wird weiterhin Zugang zu den geschützten Ordnern gewährt.

Ransomware-Schutz

In den „Einstellungen zum Viren- & Bedrohungsschutz" sollte nicht nur der „Echtzeitschutz" aktiviert sein. Auch bei „Cloudbasierter Schutz" und „Automatische Übermittlung von Beispielen" sollte der Schalter auf „Ein" stehen. Dann kann Windows fragwürdige Vorgänge so lange verzögern, bis auf den **Microsoft-Servern** mithilfe von künstlicher Intelligenz bewertet wurde, ob es sich um eine Bedrohung handeln könnte. Dass dabei Informationen nach außen getragen werden, ist aus Datenschutzsicht nicht ganz unbedenklich, doch überwiegen die Vorteile.

Cloudbasiert

Das Sicherheitskonzept von Windows beinhaltet auch eine Firewall, die den **ein- und ausgehenden Datenverkehr** überwacht. Um nachzuschauen, ob sie aktiv ist, geben Sie „Firewall" in das Suchfeld neben dem Windows-Startbutton ein und klicken auf „Firewallstatus überprüfen". Über „WindowsDefender Firewall ein- oder ausschalten" lässt sich die Schutzfunktion bei Bedarf aktivieren. Alternativ klicken Sie auf „Firewall & Netzwerkschutz", was direkt in die „Einstellungen" führt. Über „Zugriff von App durch Firewall zulassen" können Sie einzelnen Programmen erlauben, mit dem PC zu kommunizieren.

Die Windows-Firewall

Passwortmanager
Sicherer surfen

Die Verwendung einfach gestrickter Passwörter ist riskant, sie irgendwo zu notieren, erst recht. Sogenannte Passwortmanager sind eine sinnvolle Lösung, weil sie sowohl bei der Erzeugung komplexer Passwörter als auch bei ihrer Verwaltung helfen.

Speichern im Browser

Internetbrowser wie Chrome, Edge oder Firefox verfügen über ähnliche Funktionen. Bei der Einrichtung eines neuen Online-Kontos erstellen sie auf Wunsch **per Zufallsgenerator** ein komplexes Passwort und können dieses samt dem Benutzernamen in einem virtuellen Tresor speichern. Diese Funktion wird gerne genutzt, weil man sich auf Websites das manuelle Ausfüllen der Zugangsdaten erspart. Es gibt andererseits gute **Gründe, die dagegensprechen**: In den gängigen Browsern sind diese Passworttresore lediglich mit dem Computerpasswort abgesichert, im Firefox standardmäßig gar nicht. Dort kann (und sollte) man manuell ein Haupt- oder Masterpasswort setzen (unter „Einstellungen" > „Datenschutz"). Unabhängig davon sind Browser allerdings aufgrund ihrer ständigen Anbindung ans Internet beliebte Angriffsziele für Viren. Mittels Schadsoftware sind die gespeicherten Passwörter leicht auszuspionieren.

Professioneller gelöst

Bei den echten Passwortmanagern ist die Sache anders gelagert. Im Vergleich zu den Browsern, die sich quasi als Multifunktionswerkzeuge verstehen, bieten die spezialisierten Programme bessere Sicherheitsstandards bei vergleichbarem oder gar höherem Komfort. Sie verlangen zwingend ein entsprechend **komplexes Masterpasswort**. Dieses ist das einzige, das Sie sich merken müssen. Sie dürfen es freilich auch nie wieder vergessen, denn die Möglichkeiten, ohne Masterpasswort an Ihre Kennwörter im Tresor heranzukommen, sind je nach Anbieter nur sehr beschränkt oder gar nicht vorhanden. Im Optimalfall erhöht der Anbieter den Schutz des Passworttresors durch eine Zwei-Faktor-Authentifizierung (siehe ▶ Seite 142). Zudem steht ein Passwortgenerator zur Verfügung, der Ihnen auf Mausklick die Mühe abnimmt, sich Kennwörter auszudenken, die allen Ansprüchen gerecht werden. Alle Daten können Sie dann in Listen und Ordnern übersichtlich verwalten. In der Folge genügt meist schon ein Klick und Sie werden beim jeweiligen Benutzerkonto angemeldet. Besonders komfortabel ist dies auf dem Computer in Form von Browsererweiterungen, also kleinen Zusatzprogrammen, umgesetzt. Damit wird der Passwortmanager in den Browser **integriert**.

Empfehlenswerte Passwortmanager gibt es z. B. von 1Password, Dashlane, Avira, Keeper Security, Bitwarden, Nord Security und Siber Systems. Alle davon gibt es als **kostenlose Version** – in erster Linie zum Ausprobieren. Die kostenlosen verfügen nämlich über eingeschränkte Funktionen und können oft nur auf einem einzelnen Gerät verwendet werden. Für die kostenpflichtigen Versionen fallen jährliche **Abogebühren** an. Unterm Strich muss man aber sagen: Es lohnt sich.

Kostenlos oder kostenpflichtig?

Wer ein solches Werkzeug verwendet, installiert es sinnvollerweise auf Smartphone und Tablet genauso wie auf dem Computer. Ob Sie dann auch die automatische **geräteübergreifende Synchronisation** der Passwörter nutzen, ist eine Frage des Vertrauens – in den Anbieter selbst und in die Sicherheit einer Datenübertragung via Internet. Synchronisiert wird über die Server des Anbieters, über einen Cloud-Dienst wie Dropbox oder eine eigene Cloud-Lösung des Anbieters. Andernfalls müssen Sie neue Passwörter auf jedem zusätzlichen Gerät händisch eintragen.

Auch auf Smartphone und Tablet

Hundertprozentige Sicherheit wird es natürlich nie geben. Die Tresore der Passwortmanager selbst sowie die mit ihrer Hilfe erstellten Passwörter sind aber auf jeden Fall um ein Vielfaches schwieriger zu knacken als jedes Benutzerkonto, das Sie mit einem selbst erstellten Passwort (siehe ▶ Seite 140) verwenden.

Die Sicherheitsfrage

Passwörter
Einfach kompliziert

Passwortmanager (siehe ► Seite 138) arbeiten nach dem Zufallsprinzip. Selbst ausgedachte Passwörter dagegen folgen einem bestimmten Schema – auf die Gefahr hin, dass sie zu einfach gestaltet sind und somit leicht geknackt werden können. So verringern Sie die Gefahr:

Zitate

Sinnvoll sind z. B. **Zitate** aus Gedichten oder Liedern, wobei die Wörter als Grundlage für eine Zeichenfolge aus Groß- und Kleinbuchstaben, Zahlen und Sonderzeichen dienen. Aus „Zwei Seelen wohnen, ach! in meiner Brust" wird so „2Sw8!imB". Das gewählte Zitat sollte natürlich nicht zum Allgemeingut gehören wie dieser Goethe-Klassiker.

Je mehr Zeichen, desto besser

Achten Sie darauf, dass alle oben genannten optionalen Bestandteile enthalten sind. Betreffend die Zeichenanzahl gilt: Je mehr, desto besser. Acht Zeichen gelten als absolutes Minimum. Besser sind im Hinblick auf einen automatisiert durchgeführten Angriff 9 bis 12, wobei manche Fachleute das Minimum mittlerweile auf 20 Zeichen hochgeschraubt haben. Die tatsächliche Grenze setzen die einzelnen Online-Dienste, die meist eine **erlaubte Zeichenanzahl** definieren. Abgekommen ist man hingegen von der Empfehlung, Passwörter regelmäßig zu ändern. Die komplexe Zusammensetzung ist weitaus wichtiger.

Alternative Methode

Alternativ zu den Zitaten kann man eine Empfehlung des US-amerikanischen Nationalen Instituts für Standards und Technologie (NIST) heranziehen. Waren existierende Wörter in früheren Passwörtern tabu, so dürfen sie laut NIST nun aus (mindestens 20 Zeichen langen) Sätzen bestehen, die **keinen Sinn** ergeben und somit nicht in Büchern zu finden sind, also z. B. „Eiskamele fliegen nach Nordsüd". Wir raten, ein paar Sonderzeichen einzustreuen, sodass unser Passwort dann etwa lautet: „Eiskamele*fliegennachNordsüd§". Sollten Umlaute nicht zugelassen sein, weichen Sie auf „ue" etc. aus.

Passkeys
Passwortlose Zukunft

Noch sind Passwörter (siehe ► Seite 140) im Computer- und Internet-bereich gang und gäbe und werden mit Sicherheit noch etliche Jahre überdauern. Parallel dazu haben einige große Unternehmen der Branche, konkret Apple, Google und Microsoft, eine Alternative entwickelt. Soge-nannte Passkeys (engl. key = Schlüssel) sollen mittelfristig das Erstellen individueller Passwörter überflüssig machen. Mittlerweile wurde auch begonnen, diese Alternative den Nutzer:innen aktiv anzubieten, aller-dings **ohne Zwang** zum Umstieg.

Biometrische Authentifizierungsverfahren, also die Erfassung körperlicher Merkmale wie Fingerabdruck oder Gesicht zur Entsperrung von Smartphones, Tablets und Computern, kennt man mittlerweile. Sie spielen auch beim Passkey-Verfahren eine zentrale Rolle, um sich als berechtige:r Nutzer:in zu identifizieren. Wer diesen Verfahren gegenüber Misstrauen hegt, kann zur persönlichen Authentifizierung auf einen **Hardwareschlüssel** ausweichen, vergleichbar einem USB-Stick. Das ist freilich die weniger komfortable Variante.

Fingerabdruck-scan oder Gesichts-erkennung

Der Passkey selbst wird bei der ersten Anmeldung beim jeweiligen Konto (oder beim bewussten Umstieg von Passwort auf Passkey) automatisch erstellt und lokal auf dem Gerät gespeichert. Passkeys sind verschlüs-selt und sehr komplex und somit sicherer, als Passwörter es jemals sein könnten. Sie sind an eine App oder ein Programm gebunden, nicht aber an ein bestimmtes Gerät, weil sie per Ende-zu-Ende-Verschlüsselung (und somit für niemanden einsehbar) über die **Cloud des Anbieters** syn-chronisiert werden. So kann man sich dann etwa auf dem Computer mit dem Passkey bei einem Programm anmelden, vorausgesetzt das Smart-phone befindet sich in unmittelbarer Nähe. Internetbetrug als Folge von Phishing (siehe ► Seite 116) sollte dank des Passkey-Verfahrens der Vergangenheit angehören.

Automatische Erstellung

Benutzerkonto absichern

Zwei-Faktor-Authentifizierung

Die Anmeldung mit Benutzernamen und Passwort ist im Internet gang und gäbe. Solche Zugangsdaten können aber ausgespäht oder geknackt werden. Deshalb haben einige Anbieter einen (optionalen) Zwischenschritt eingeschoben: Die Zwei-Faktor-Authentifizierung (auch: Zwei-Wege-Authentifizierung, Zwei-Schritt-Verifizierung, zweistufige Überprüfung, Bestätigung in zwei Schritten) unter Beteiligung Ihres Smartphones.

Bestätigung per SMS, E-Mail, Push-Nachricht

Der zusätzliche Schritt besteht aus der Bestätigung Ihrerseits, dass Sie im Begriff sind, sich bei Ihrem Konto anzumelden. Dies geschieht durch die Übermittlung eines **Einmalcodes (PIN)**, den Sie dann eingeben müssen. Die Zusendung des Codes erfolgt beispielsweise per SMS, E-Mail oder Push-Benachrichtigung an eine von Ihnen bekanntgegebene Telefonnummer, E-Mail-Adresse oder direkt an ein mit Ihrem Konto verknüpftes Gerät beziehungsweise eine darauf installierte App, in der Sie registriert sind.

Beispiel Google-Konto

Wofür Sie sich entscheiden, ist nicht nur eine Frage persönlicher Präferenzen, sondern hängt auch davon ab, welche Möglichkeiten der jeweilige Anbieter überhaupt zulässt und welche auf Ihren Geräten technisch umsetzbar sind. Damit es nicht noch komplizierter wird, beschränken wir uns beispielhaft auf die Bestätigung in zwei Schritten bei Google. Google-Konten sind aufgrund der hohen Nutzerzahlen bei Android-Smartphones weit verbreitet, die zahlreichen Google-Dienste (Google-Suche, Google Maps, Gmail, Chrome) sind aber genauso bei iPhone- und Computernutzern beliebt.

Aktivierung

Das Einrichten der Bestätigung in zwei Schritten erfolgt über Ihr **Google-Konto**, wobei es unterschiedliche Wege dorthin gibt: Im Internetbrowser melden Sie sich unter https://myaccount.google.com an; auf Android-Geräten tippen Sie auf „Einstellungen/Google/Google-Konto verwalten";

und falls Sie eine Google-App am iPhone oder iPad nutzen, gelangen Sie innerhalb der jeweiligen App in zwei oder drei Schritten über dasTippen auf Ihr Profilbild und „Google-Konto verwalten" dorthin.

Klicken oder tippen Sie auf die Option „Sicherheit" und unter der Überschrift „So melden Sie sich in Google an" auf „Bestätigung in zwei Schritten". Mit „Jetzt loslegen" beginnt die Einrichtung (eventuell müssen Sie davor nochmals Ihr Passwort eingeben). Sie befinden sich nun in der Option „Smartphone als zweiten Schritt bei der Anmeldung verwenden". Wir empfehlen die komfortable und im Vergleich zu SMS und Anruf sicherere Variante der **Push-Nachricht**. Tippen oder klicken Sie auf „Weiter". Im nächsten Schritt werden Sie gebeten, eine Ersatzrufnummer anzugeben, für den Fall, dass die bevorzugte Variante nicht funktioniert. Dies kann die eigene sein, sinnvollerweise sollten Sie später noch die eines gut erreichbaren Verwandten oder Freundes hinzufügen. Ihr Gerät könnte ja verloren gehen.Tippen oder klicken Sie auf „Senden". An die angegebene Nummer wird nun ein Einmalcode geschickt, durch dessen Eingabe und Bestätigung durch „Weiter" sowie „Aktivieren" Sie die Einrichtung der Bestätigung in zwei Schritten abschließen. Google bezeichnet die Push-Variante auch als „Aufforderung von Google".

Push-Nachricht

Da die Bestätigung in zwei Schritten mitunter als lästig empfunden wird, wird einem z. B. bei der Anmeldung im Browser angeboten, die Abfrage von Einmalcodes auf **„vertrauenswürdigen" Geräten** (also etwa dem PC zu Hause) zu deaktivieren. Die entsprechende Option ist bei Google leider standardmäßig angehakt, während es bei anderen Anbietern sinnvollerweise genau umgekehrt ist. Seien Sie jedenfalls nicht zu großzügig damit, denn auf diese Weise wird ja die zweistufige Bestätigung auf dem jeweiligen Gerät oder im verwendeten Browser ausgehebelt. Die Liste der Geräte, auf denen Sie – bewusst oder unbewusst – zugestimmt haben, verwalten Sie unter „Bestätigung in zwei Schritten" in Ihrem Google-Konto.

Nachfrage deaktivieren

Benutzerkonto absichern
Authenticator-App

Über den Menüpunkt „Bestätigung in zwei Schritten" in Ihrem Google-Konto können Sie jederzeit Einstellungsänderungen vornehmen oder zusätzliche Bestätigungsmethoden einrichten. Eine praktische Möglichkeit ist eine Authenticator-App. Laden Sie z. B. den kostenlosen **Google Authenticator** (Anbieter: Google LLC) aus dem Play Store herunter.

Einrichtung

Für die Einrichtung können Sie Ihr Smartphone verwenden. Komfortabler ist es, wenn Sie die weiteren Schritte auf einem Computer, Tablet oder einem anderen Smartphone durchführen, wo Sie über den Browser in Ihr Google-Konto einsteigen. Tippen oder klicken Sie in Ihrem Google-Konto unter „Bestätigung in zwei Schritten" auf „Authenticator App" und „Authentifizierungs-App einrichten". Ein Fenster mit einem **QR-Code** erscheint. Öffnen Sie den Google Authenticator auf Ihrem Smartphone und tippen Sie auf das Plus-Symbol. Sie haben zwei Optionen:

Scan oder Schlüssel

Entweder „QR-Code scannen", sofern Sie zwei Geräte zur Verfügung haben. Halten Sie einfach die Kamera des Smartphones vor den auf dem zweiten Gerät angezeigten QR-Code. Oder „Einrichtungsschlüssel eingeben", falls Sie nur Ihr eigenes Smartphone zur Hand haben. Dann tippen Sie auf „Sie können ihn nicht scannen?" und kopieren den 32-stelligen Schlüssel. Den Schlüssel sowie eine Bezeichnung für das hinzugefügte Konto geben Sie im Authenticator ein. Unterhalb davon belassen Sie die Option „Zeitbasiert/Time based". Bestätigen Sie die Eingabe.

60 Sekunden

Unterhalb sehen Sie einen meist sechsstelligen Bestätigungscode, der alle 60 Sekunden erneuert wird. Der **Vorteil** einer Authenticator-App: Sie können dort weitere Konten hinzufügen, etwa von Amazon, Facebook, GMX oder PayPal. Alternativ können Sie die gleichfalls kostenlose **Authenticator-App von Microsoft** verwenden. Deren Aktivierung und Verwendung erfolgen analog zu jenen des Google Authenticators.

Smartphone-Apps

Keine Anonymität

Manche Smartphone-Apps verlangen anscheinend grenzenlosen **Daten-zugriff**, selbst wenn er für ihre Nutzung gar nicht notwendig ist. Es handelt sich um die sogenannten App-Berechtigungen (siehe ▶ Seite 147). Seit der Android-Version 6.0 aus dem Jahr 2015 können Sie dem Sammeln von Nutzerdaten zumindest teilweise **gegensteuern**. Wobei Sie sich nicht dem Irrtum hingeben dürfen, sich damit echte Anonymität zu verschaffen. Gewisse Berechtigungen sind zwingend notwendig, damit eine App funktioniert. Und selbst wenn Sie die Apps weitgehend beschränken, sammeln Ihr Mobilfunkanbieter, Google als Schöpfer des Android-Betriebssystems sowie der Hersteller Ihres Handys auf anderen Wegen Informationen über Ihr Nutzungsverhalten.

Trotzdem: Ein Auge auf die App-Berechtigungen zu haben, ist zweckmäßig, weil Sie damit den Datenfluss zumindest reduzieren können. Bei Apps, die für Android 6.0 und höher entwickelt wurden, können Sie bei der ersten Verwendung Berechtigungen erteilen oder verweigern. Ein entsprechendes Fenster wird eingeblendet. Von dieser **automatischen Abfrage** abgesehen, gibt es auch den Weg über die **Einstellungen** des Smartphones. Je nach Modell und Betriebssystem z. B. über „Einstellungen" und „Apps" oder über „Einstellungen", „Anwendungsmanager", Zahnradsymbol und „App-Berechtigungen". Zur Kontrolle einzelner Apps tippen Sie auf ihren Namen und in der aufscheinenden Liste auf „Berechtigungen". Eine Übersicht, welchen Apps Sie welche Berechtigungen gewährt haben, finden Sie unter dem Menüpunkt „Apps konfigurieren".

Automatisch oder manuell

Das Aktivieren und Deaktivieren von Berechtigungen erfolgt über die virtuellen Ein-/Aus-Schalter am Display. Sie ermöglichen die einfachste und effizienteste Methode, um festzustellen, welche Berechtigungen mindestens notwendig sind: Versuch und Irrtum.

Versuch und Irrtum

Komfortverlust

Tatsache ist, dass viele Apps auch mit eingeschränkten Berechtigungen funktionieren, nur nicht so komfortabel. Leider erschließen sich Sinn und Notwendigkeit von Berechtigungen oft nicht ohne nähere Erklärung. Mehr steckt – zumindest bei seriösen Anbietern – somit nicht dahinter.

Datenhandel

Die eventuell nicht ganz so seriösen, aber auch jene, die auf externe Finanzierungsmodelle für ihre kostenlosen Angebote angewiesen sind, sammeln (anonymisierte) Daten zur Erstellung von Nutzungsprofilen, die sie an die **Werbeindustrie** verkaufen. Sie tun damit nichts anderes als Google, Facebook oder die Anbieter von kostenlosem Virenschutz (siehe ► Seite 136). Die wichtigsten Fragen spätestens nach dem ersten Start einer App sollten ihre Sinnhaftigkeit und ihren Nutzen betreffen, und zwar in Relation zu den Rechten, die Sie ihr einräumen.

DSGVO

Die Datenschutzgrundverordnung (DSGVO, siehe auch ► Seite 110) brachte strengere Regelungen hinsichtlich der Verarbeitung personenbezogener Daten und mehr Transparenz mit sich. Sie ändert aber nichts daran, dass Sie den **Nutzungsbedingungen** zustimmen müssen, um eine App verwenden zu können.

Augen auf bei der App-Auswahl

Der Google Play Store setzt Sicherheitsmaßnahmen, um Apps, deren Hauptzweck das Ausspionieren ist, nicht zuzulassen. Verlass ist darauf keiner. Klären Sie daher folgende Punkte ab:

- Wie lange ist die App schon im Play Store verfügbar?
  Bei Neuerscheinungen besser noch zuwarten.
- Wie oft wurde die App bereits heruntergeladen?
- Wie viele Kommentare gibt es und klingen sie plausibel?
- Gibt es Erfahrungsberichte abseits des Play Stores?
- Wer ist der App-Anbieter und hat er auch schon andere Apps im Programm?
- Verfügt er über eine seriös wirkende Homepage?
- Wie detailliert ist seine Datenschutzerklärung?
- Welche Berechtigungen fordert die App ein?
- Ist es tatsächlich die richtige App oder eine, die mit einem ähnlichen Namen bewusst auf eine Verwechslung abzielt?

Android

App-Berechtigungen

Auf den folgenden vier Seiten haben wir die wichtigsten App-Berechtigungen zusammengefasst. Nicht jede App nutzt sämtliche Optionen, könnte es aber. Tatsache ist, dass hinter den meisten der genannten Punkte eine ganze **Berechtigungsgruppe** steht, der man bei Verwendung der App komplett zustimmt. Wenn nachstehend vom „Risiko" einer App die Rede ist, dann bezieht sich das nicht auf eine gängige Vorgangsweise aller App-Anbieter, sondern auf einen möglichen Missbrauch der erteilten Berechtigungen durch Anbieter mit unlauteren Absichten. Lesen Sie im Zusammenhang damit auch den allgemeinen Beitrag zu den Smartphone-Apps unter Android auf ► Seite 145.

Kamera

- Berechtigungen: Bilder und Videos aufnehmen.
- Notwendig für: Kamera-Apps.
- Optional für:
  - Messenger-Dienste und Social Media (WhatsApp, Facebook, Instagram, YouTube), um direkt aus der App heraus Fotos zu schießen oder Live-Videos zu streamen;
  - Augmented-Reality-Anwendungen (AR), um ins Livebild am Display Zusatzinformationen wie Grafiken und Text einzublenden (darunter auch Browser und Navigations-Apps);
  - Scan-Anwendungen, um z. B. Dokumente oder QR-Codes einzulesen;
  - Taschenlampen-Apps, um die ins Smartphone eingebaute LED-Leuchte steuern zu können.
- Risiko: vom Nutzer unbemerkte Foto- und Videoaufzeichnungen.

Kontakte

- Berechtigungen:
  - Zugriff auf alle auf dem Gerät gespeicherten Details zu den Kontakten inklusive der Häufigkeit und der Wege, mit denen man mit ihnen kommuniziert hat;

- Speicherung der Kontaktdaten innerhalb der berechtigten App;
- Weiterleitung der Kontaktdaten (auch an Dritte);
- Änderung oder Löschung von Kontakten auf dem Gerät;
- Suche von Konten auf dem Gerät.
- Notwendig für: alle Kommunikationsanwendungen (Telefon, SMS, Messenger-Dienste).
- Optional für:
  - Karten-, Navigations- und Fahrplan-Anwendungen (Öffis), um sich die manuelle Eingabe eines in den Kontakten gespeicherten Reiseziels zu ersparen;
  - Apps, welche die Möglichkeit bieten, ein bereits auf dem Gerät vorhandenes Benutzerkonto zur Anmeldung zu nutzen. Beispiel: Apps, die auf einen Clouddienst wie etwa Dropbox zugreifen sollen, oder jene, welche die Verknüpfung mit Social-Media-Diensten als Anmeldeoption bieten (Vorteile: kein weiteres Benutzerkonto, keine direkte Passworteingabe in der neuen App);
  - Tastatur-Apps, um während des Tippens Namensvorschläge einzublenden.
- Risiko:
  - Auswertung der Kontaktdaten durch den App-Anbieter oder durch kooperierende Unternehmen zur Erstellung von Verknüpfungen mit anderen Personen (etwa auf Facebook). Davon betroffen sind alle Kontakte, auch wenn diese nicht auf Social Media aktiv sind;
  - die Feststellung bereits vorhandener Konten liefert Informationen darüber, welche Apps auf dem Gerät genutzt werden. Zudem werden bei Anmeldung mit einem dieser Konten Querverbindungen hergestellt, die z. B. von den Social-Media-Diensten zur Ergänzung des schon vorhandenen Persönlichkeitsprofils der jeweiligen Nutzer:innen verwendet werden.

Telefon

- Berechtigungen:
  - Anrufliste lesen und bearbeiten;
  - Telefonstatus und Identität abrufen;
  - Telefonnummern direkt anrufen;
  - ausgehende Anrufe umleiten.

- Notwendig für:
  - die vorinstallierte Telefon-App sowie alle Anwendungen, die herkömmliche Telefonate direkt aus der App heraus ermöglichen;
  - im Vordergrund laufende Apps (z. B. Navigation, Musik- und Videostreaming), um eintreffende Anrufe durchstellen zu können.
- Optional für: Anwendungen, die für die Anmeldung die Telefon- nummer der SIM-Karte automatisch übernehmen oder die Identität des:der Nutzer:in überprüfen möchten (Berechtigung anbieterseitig möglicherweise zwingend erforderlich).
- Risiko:
  - unbemerkte Telefonate zu kostenpflichtigen Mehrwert- nummern;
  - Auswertung der Liste aller ein- und ausgehenden Anrufe;
  - Weitergabe der Telefonnummer sowie der Telefon-ID (IMEI), also der eindeutigen Geräte-Identifikationsnummer.

- Berechtigungen: Aufnahmen über das Mikrofon.   **Mikrofon**
- Notwendig für:
  - alle Sprachanwendungen (Telefon, Gespräche via Messenger- Dienste wie WhatsApp oder Skype, Sprachnotizen, Sprach- steuerung, Sprachassistenten);
  - Kamera- bzw. Video-Apps, um den Ton aufzeichnen zu können (Berechtigung anbieterseitig oft zwingend erforderlich);
  - Spezialanwendungen, etwa zur Schallpegelmessung oder zum Stimmen von Instrumenten.
- Optional für:
  - alle nicht genutzten Sprachanwendungen;
  - Apps zum Mitfilmen von Bildschirminhalten, um auch den Ton aufzuzeichnen.
- Risiko:
  - heimliches Mitlauschen von Gesprächen;
  - Aktivierung des Smartphones durch hochfrequente Töne (ausgestrahlt z. B. via TV-Werbespots), um das Fernsehverhalten der Nutzer:innen nachzuverfolgen.

- Berechtigungen:
  - Zugriff auf denStandort (über GPS, WLAN-Netze, Mobilfunknetze);
  - Ermittlung der Geschwindigkeit (z. B. im fahrenden Auto).
- Notwendig für: Karten- und Navigations-Anwendungen
- Optional für:
  - Fahrplan-Anwendungen (Öffis), um sich bei der Suche nach Verbindungen die Eingabe der eigenen aktuellen Position zu ersparen, aber auch um z. B. in der Nähe befindliche Haltestellen anzuzeigen;
  - Internet-Browser, Reise-, Shopping- oder Restaurant-Apps, um Interessantes und Sehenswertes in der näheren Umgebung anzuzeigen;
  - Foto-Apps, um Aufnahmen mit einer Ortsmarkierung (Geotag) zu versehen;
  - Apps mit der Möglichkeit, den eigenen Standort mit anderen zu teilen (darunter Karten- und Social-Media-Apps);
  - Apps mit Werbeeinblendungen, um diese auf den Aufenthalts-ort abzustimmen.
- Risiko: Erstellung von Bewegungsprofilen durch den Geräte-hersteller („häufige Orte"), den App-Anbieter oder kooperier-ende Dritte, als praktische Serviceleistung, aber auch um vor-handene Persönlichkeitsprofile damit zu ergänzen und Ver-knüpfungen mit anderen Personen herzustellen.

- Berechtigungen:
  - Kalendertermine und Details lesen, teilen und speichern;
  - Kalendertermine ohne vorherige Benachrichtigung hin-zufügen, entfernen oder ändern.
- Notwendig für: Kalender-Apps (eigenständig oder in andere Anwendungen, wie z. B. Microsoft Outlook, integriert).
- Optional für:
  - Social-Media-Dienste (z. B. Facebook);
  - Mail-Anwendungen bei Nichtnutzung eines damit verknüpften Kalenders;
- Risiko: Zugriff auf vertrauliche Informationen.

- Berechtigungen:
  - SMS und MMS empfangen, lesen und löschen;
  - SMS senden und abrufen.
- Notwendig für:
  - die vorinstallierte Nachrichten-App;
  - alle Apps, die einem z. B. nach der Einrichtung eines Kontos oder im Zuge einer zweistufigen Authentifizierung bei der Anmeldung eine Bestätigung oder einen Bestätigungscode zusenden bzw. umgekehrt zur Verifizierung der vom Benutzer angegebenen Telefonnummer.
- Optional für: Tastatur-Apps, um durch (anonymisierte) Auswertung des Geschriebenen die Worterkennung und somit die beim Tippen eingeblendeten Wortvorschläge zu verbessern.
- Risiko:
  - unbemerkter Versand von kostenpflichtigen Premium-SMS oder Abschluss von Abos für kostenpflichtige SMS-Dienste;
  - Mitlesen aller Tastatureingaben.

SMS

- Berechtigungen: SD-Karteninhalte lesen, ändern oder löschen (je nach Smartphone-Marke und Android-Version ist hier auch zusätzlich vom USB-Speicher die Rede). Gemeint sind sowohl externe Speicherkarten als auch Teile des Gerätespeichers, auf dem Fotos, Musik, Videos, Kartenmaterial für die Offline-Navigation, PDFs, Textdokumente und andere Dateien gespeichert werden. Es besteht aber keine Zugriffserlaubnis auf Kontakte, Passwörter oder E-Mails.
- Notwendig für: alle Anwendungen, die Daten abspeichern oder darauf zugreifen müssen, darunter z. B. auch Spiele-Apps, um den Spielstand festzuhalten.
- Optional für: Anwendungen, bei denen man die entsprechende Funktion nicht nutzt, etwa wenn man über WhatsApp nur Textmeldungen, aber keine Fotos verschickt.
- Risiko: Zugriff auf vertrauliche Informationen, inklusive Fotos und Videos.

Speicher

Zusammenfassung und Checkliste
Für Ihre Sicherheit

Abschließend geben wir Ihnen einen Überblick über jene Vorkehrungen, welche die **Grundlage** für die sichere Nutzung des Internets und der damit verbundenen Geräte darstellen. Es handelt sich zugleich um eine Checkliste jener Punkte, die Sie bevorzugt umsetzen sollten. Die Seitenverweise beziehen sich auf Beiträge in diesem Buch, die weiterführende Informationen enthalten.

Allgemeines

- Sichern Sie Ihre Geräte mit einem Schutzprogramm („Virenschutz") gegen Schadsoftware ab (▶ Seite 136).
- Halten Sie Betriebssystem, Programme, Apps und Virenschutz mit automatischen Updates auf dem aktuellen Stand (▶ Seite 14).
- Legen Sie für die alltägliche Arbeit am Computer ein Benutzerkonto mit eingeschränkten Zugriffsrechten an (▶ Seite 21).
- Nehmen Sie in den Browsereinstellungen diverse manuelle Anpassungen vor, um den Datenschutz zu verbessern (▶ Seite 27ff).
- Vermeiden Sie das (automatische) Speichern von Passwörtern im Browser, so praktisch es auch sein mag, und überlegen Sie die Verwendung eines Passwortmanagers (▶ Seite 138).
- Vermeiden Sie die Mehrfachverwendung von Passwörtern und gestalten Sie diese möglichst sicher (▶ Seite 140).
- Ändern Sie werksseitig vergebene Passwörter, nicht zuletzt in Ihrem WLAN-Router.
- Installieren Sie Browsererweiterungen (▶ Seite 37) zum Blockieren von Werbung und Tracking (Nachverfolgung Ihrer Internet-Aktivitäten).
- Verwenden Sie statt Google eine alternative Suchmaschine, damit Sie im Netz anonymer unterwegs sind (▶ Seite 34).
- Schränken Sie auf Ihrem Smartphone oder Tablet die Zugriffsberechtigungen von Google (▶ Seite 47) sowie der installierten Apps ein (▶ Seite 147).

- Vergewissern Sie sich, dass manuell eingegebene Internet-
adressen vollständig und fehlerlos sind.
- Sollte eine Adresse ins Leere führen, dann geben Sie den
Namen der gesuchten Seite am besten in Ihre gewohnte
Suchmaschine ein.
- Sollte die Adresse zu einer Seite führen, deren Inhalt offen-
sichtlich nichts mit dem eigentlich Gewünschten zu tun hat
oder die lediglich eine Reihe von Links zum Thema enthält,
dann vermeiden Sie es, darauf zu klicken, und versuchen Sie
es stattdessen mit Ihrer gewohnten Suchmaschine.
- Beachten Sie, dass in vielen Suchmaschinen die Toptreffer
bezahlte Werbeanzeigen sind, die meist nur unauffällig als
solche gekennzeichnet sind. Klicken Sie bevorzugt auf die
weiter unten in der Liste angeführten Treffer.
- Bedenken Sie, dass Sie den Anbietern die Nachverfolgung
Ihrer Aktivitäten im Internet erleichtern, wenn Sie dauerhaft
mit Ihrem Benutzerkonto angemeldet bleiben (z. B. bei
Facebook oder Amazon). Sinnvoller ist das Anmelden bei
Bedarf sowie das bewusste Abmelden danach. Deaktivieren
Sie daher auch Anmeldeoptionen wie „Auf diesem Computer
angemeldet bleiben".
- Sofern Sie keinen Werbeblocker verwenden (▶ Seite 37), der
einen Großteil der Anzeigen ausblendet, finden Sie auch auf
vielen Internetseiten massenhaft Werbung – zum Teil sehr auffällig, zum Teil kaum als werbliche Einschaltung wahrnehmbar
mitten im Text. Schauen Sie besser zweimal, bevor Sie auf einen
(Download-)Link klicken, denn es könnte der falsche sein.
- Stellen Sie den Mauszeiger, ohne zu klicken, auf einen Link,
dann zeigt der Browser üblicherweise in einem Feld links
unten an, wohin der Link tatsächlich führt.
- In der Adresszeile des Browsers wird die Domain, also der
Hauptbestandteil einer Internetadresse, schwarz hervorgehoben (Domain-Highlighting, z. B. https://**konsument.at/**
handytest). Sollte die aufgerufene Adresse nicht die erwartete
Seite zeigen, dann löschen Sie alle auf den Hauptbestandteil
folgenden Bestandteile und versuchen Sie es mit der Haupt-

adresse, um dann über die Links auf der Startseite oder die Suchfunktion doch noch das Gewünschte zu finden.

- Wenn Sie sich auf einer Seite persönlich registrieren müssen, dann lesen Sie vorher die Nutzungsbedingungen zumindest dahin gehend, ob Sie eine zeitliche Bindung und/oder eine finanzielle Verpflichtung eingehen.
- Achten Sie – nicht nur bei der Registrierung, sondern bei jeder Eingabe Ihrer Nutzerdaten – auf die Verschlüsselung der Seite, erkennbar am Kürzel „https" (entscheidend ist das „s" am Ende!) und am Vorhängeschloss-Symbol.

E-Mails

- Öffnen Sie keinesfalls Dateianhänge in E-Mails unbekannter Herkunft und klicken Sie auf keinen darin angegebenen Link.
- Seien Sie auch bei E-Mails scheinbar bekannter Herkunft vorsichtig, falls Sie dort zur Bekanntgabe heikler Daten oder zur Begleichung offener Forderungen, die Sie nicht nachvollziehen können, aufgefordert werden.
- Steigen Sie nicht über einen in der E-Mail enthaltenen Link, sondern direkt im Browser über Ihr persönliches Konto in die Internetseite ein und klären Sie notfalls durch Rückfrage die Echtheit der E-Mail.
- Für alle Details zum sicheren Umgang mit E-Mails sowie zum Thema Spam-Mails beachten Sie bitte die Beiträge auf den ▶ Seiten 122 sowie 120.
- Verwenden Sie für die Anmeldung zu Newslettern oder auf Internetseiten nicht Ihre Haupt-Mailadresse, sondern eine weitere Adresse, die Sie ausschließlich für solche Zwecke einsetzen.
- Und denken Sie immer daran: Aus welchem vernünftig erklärbaren Grund sollte Ihnen eine wildfremde Person Geld schenken oder sollten Sie bei einer ausländischen Lotterie Geld gewonnen haben (davon abgesehen, dass die Teilnahme an ausländischen Lotterien von Österreich aus verboten ist)? Zum Thema Internetkriminalität ▶ Seite 116ff, zum Thema Online-Glücksspiel ▶ Seite 128.

Online-Shopping

- Beachten Sie die Einhaltung der gesetzlichen Regelungen für sicheres Online-Shopping durch den Händler sowie Ihre Rechte (▶ Seite 71).

- Lesen Sie bitte alle Artikel zum Thema Internetkriminalität ab ► Seite 39 sowie zu den Fake-Shops (► Seite 130) und den Dark Patterns, die einen zum vorschnellen Kaufabschluss verleiten sollen (► Seite 132).
- Leisten Sie keine Vorauszahlungen per Überweisung, außer Sie selbst oder Ihnen bekannte Personen haben bereits eindeutig positive Erfahrungen mit dem Verkäufer gemacht. Alle Informationen zum sicheren Bezahlen im Internet finden Sie ab ► Seite 64.
- Vermeiden Sie es, die auf Verkaufsplattformen vorgesehenen internen Kommunikations- und Zahlungswege zu umgehen, nur weil Sie von einem Anbieter dazu aufgefordert werden.
- Wenn Sie selbst auf einer Verkaufsplattform inserieren: Misstrauen Sie (ausländischen) Interessenten, die unter allen Umständen das von Ihnen angebotene Produkt kaufen wollen und auf Mittelsmänner, Transportfirmen etc. verweisen, weil sie angeblich persönlich verhindert sind. Der nächste Schritt ist, dass Sie eine Zahlung leisten sollen.
- Achten Sie auch hier bei der Eingabe heikler Daten und Passwörter auf die Verschlüsselung der Seite, erkennbar am Kürzel „https" und am Vorhängeschloss-Symbol.

- Wählen Sie, wo es möglich ist, die Zwei-Faktor-Authentifizierung zur Absicherung Ihrer Online-Accounts, also die zweistufige Anmeldung mit Passwort und Code (► Seite 142).

Benutzerkonten absichern

- Hinterlegen Sie unbedingt eine Telefonnummer und/oder eine alternative E-Mail-Adresse (angelegt bei einem anderen Anbieter bzw. alternativ die Adresse einer Person aus Ihrem näheren Umfeld), damit Sie im Notfall von Ihrem Anbieter über verdächtige Vorgänge auf Ihrem Konto benachrichtigt werden können. Anbieter wie Google, Microsoft oder Facebook verständigen einen mittlerweile über jede Anmeldung, die über einen „unbekannten" Browser erfolgt, auch wenn man sie selbst vorgenommen hat. Sie sollten diese Benachrichtigungen keinesfalls deaktivieren, denn nur so behalten Sie den Überblick. Bei allen diesen Anbietern können Sie online auch überprüfen, welche Geräte gerade aktiv angemeldet sind bzw. es in der Vergangenheit waren. Beachten Sie auch die weiterführenden Beiträge zu Google (▶ Seite 29ff), Microsoft (▶ Seite 21ff) und Facebook (▶ Seite 43) in diesem Buch.

- Verwenden Sie keinesfalls identische oder sehr ähnliche Passwörter für verschiedene Benutzerkonten (mehr zum Thema sichere Passwörter ▶ Seite 140).
- Sollte eines Ihrer Konten gehackt werden, dann unternehmen Sie folgende Schritte: Ändern Sie sofort das Passwort und auch allfällige Sicherheitsfragen (bzw. die Antworten darauf), die Sie dort hinterlegt haben (z. B. Mädchenname der Mutter, Haustier, Automarke). Falls Sie dasselbe Passwort für ein anderes Konto verwenden, dann ändern Sie es auch in diesem, nehmen Sie aber keinesfalls wieder ein identisches. Tauschen Sie dort gleichfalls die Sicherheitsfragen aus. Falls es sich um ein E-Mail-Konto handelt, dann verständigen Sie Ihre Kontakte und warnen Sie sie vor eventuellen Spam-Mails, die in Ihrem Namen verschickt werden könnten. Sie selbst sollten mit erhöhtem Aufkommen von Spam- und Phishing-Mails rechnen, denn vielleicht versuchen die Datendiebe ja, noch mehr von Ihnen zu erfahren. Haben Sie auf dem gehackten Konto Ihre Bank- oder Kreditkartendaten hinterlegt, dann seien Sie sehr aufmerksam und kontrollieren Sie regelmäßig Ihre Kontoauszüge und Kreditkartenabrechnungen. Notfalls müssen Sie Ihre Kreditkarte sperren lassen und eine neue beantragen. Möglich ist auch, dass Ihr Name für betrügerische Geschäfte missbraucht wird (Identitätsdiebstahl), etwa um andere Personen über Fake-Angebote auf Amazon und Co. um ihr Geld zu bringen oder um Waren zu bestellen, die dann nicht bezahlt werden. Natürlich werden Sie dafür nicht zur Rechenschaft gezogen, doch angenehm ist eine solche Situation in keinem Fall. Sollten Sie selbst von solchen Betrügereien in Ihrem Namen Kenntnis erlangen, dann melden Sie dies dem betroffenen Anbieter und erstatten Sie bei der Polizei Anzeige gegen unbekannt.

BESSERE FOTOS MIT DEM SMARTPHONE

Das passende Fotohandy finden
Tipps für gelungene Aufnahmen
Nachbearbeitung und Datensicherung

Das Fotografieren mit dem Smartphone ist für uns dermaßen selbstverständlich geworden, dass viele bereits auf die zusätzliche Anschaffung einer Digitalkamera verzichten. Die Hersteller tun das Ihre, um diese Entwicklung voranzutreiben und übertrumpfen sich gegenseitig bei der Ausstattung ihrer Geräte. Doch können eindrucksvolle Pixelzahlen, raffinierte Kameratechnik und klingende Namen letztlich halten, was sie versprechen? Welche Eckdaten sind tatsächlich aussagekräftig, welche Einsatzmöglichkeiten realistisch, und wo liegen die natürlichen Grenzen der Smartphone-Fotografie? Lohnt es sich, dafür den Aufpreis für ein aktuelles Topmodell in Kauf zu nehmen? Die Wahl des geeigneten Smartphones ist bei einem Neukauf sicher ein erster Schritt in Richtung gelungener Fotos. Aber auch mit bereits vorhandenen Geräte lassen sich oft zufriedenstellende Ergebnisse erzielen, denn viele Einflussfaktoren liegen buchstäblich in der Hand und im Auge des Nutzers. Dieses Buch liefert Antworten auf die wichtigsten Fragen und gibt Tipps für alle Bereiche des Fotografierens mit dem Smartphone – von der Gerätewahl über die Kamerafunktionen, die Aufnahmesituation, manuelle Nachjustierungen und nachträgliche Bildverbesserungen, bis hin zum Teilen, Speichern und dauerhaften Sichern der Fotos und Videos. So nutzen Sie das volle Potenzial Ihres Smartphones!

160 Seiten, Flexcover, € 19,90
ISBN 978-3-99013-103-9
konsument.at/fotos-am-handy

Windows 11 für Umsteiger

So wechseln Sie stressfrei aufs neue System

Tipps für Alltag, Sicherheit und Datenschutz

Eine Zeit lang hatte es so ausgesehen, als wäre Windows 10 die letzte und einzige verbleibende Version des weit verbreiteten Betriebssystems, regelmäßig versorgt mit Updates. Dann überraschte Microsoft mit der Ankündigung, dass auch die Tage von Windows 10 gezählt sind und es in wenigen Jahren durch Windows 11 abgelöst sein wird. Dieses ist mittlerweile auf immer mehr Computern (vor-)installiert bzw. bekommt man zumindest die Option angeboten, umzusteigen. Optisch hat sich gegenüber dem Vorgänger einiges getan. Funktionell basiert Windows 11 zwar stark auf der Version 10, bringt aber doch einige neue Funktionen mit sich. Das Buch richtet sich an alle Umsteiger, die auf Windows 11 wechseln möchten oder müssen. Es geht grundlegenden Fragen nach wie: Wer hat Anspruch auf ein kostenloses Upgrade? Wie klappt der Wechsel möglichst reibungslos? Weitere Themen, die im Buch behandelt werden: Erste Schritte, Sicherheits- und Datenschutzeinstellungen, Programme und Funktionen, Updates und Back-ups, Windows 11 personalisieren. Kurz gesagt: alles, was Umsteiger wissen müssen.

208 Seiten, broschiert, € 25,–
ISBN 978-3-99013-114-5
konsument.at/windows11

Das österreichische Testmagazin

Ihr Ratgeber für den täglichen Einkauf
Jeden Monat mit Tests, Reports und Analysen. Ohne Inserate, deshalb unabhängig von Firmen. Nur dem Leser verpflichtet.

www.konsument.at

Beratung & Konsumentenschutz

Wir beraten Sie vor und nach dem Kauf
Und helfen Ihnen, zu Ihrem Recht zu kommen. In **Musterprozessen** zeigen wir Missstände auf. Besserer Konsumentenschutz ist das Ziel.

www.vki.at

Test-Urteile

Test ist nicht gleich Test
Nur Konsumentenschutzorganisationen wie der VKI prüfen nach international anerkannten Standards. Deshalb ist auf unsere Testergebnisse Verlass. Strenge Qualitätsrichtlinien zeichnen unsere Arbeit aus.

Wir sind für Sie da

Aboservice
Für Fragen zu Ihrem KONSUMENT-Abonnement, für Adressänderungen sowie für Buchbestellungen wählen Sie Tel. 01 588 774 (Mo–Do 9–16 Uhr)

Beratung
Die ExpertInnen unseres Beratungszentrums sind unter Tel. 01 588 77-0 erreichbar (Di und Do 9–13 Uhr)

Persönliche Beratung
Wien: Mariahilfer Straße 81, Tel. 01 588 77-0
        (Terminvereinbarung Mo – Do 9–16 Uhr)
Innsbruck: Maximilianstraße 9, Tel. 0512 58 68 78
        (Mo–Do 8–12 Uhr)

Gesamtes Angebot (inkl. Videoberatung) unter **vki.at/beratung**